小学 3 年生

社会に ぐーーんと 強くなる

学習指導要領対応

JN050590

KUMON

小学 **3** 年生

第3章　くらしを守る

第4章　わたしたちの市のうつりかわり

※この本でとりあげている内ようには，学校によって学習しないものもふくまれています。
　教科書との対おうは，「教科書との内容対照表」をさんこうにしてください。

【写真，資料提供】（順不同，敬称略）悠工房／時事／トヨタ自動車株式会社／朝日新聞社／神奈川県幸警察署／時事通信フォト／
PIXTA／国土地理院／川崎市防災啓発冊子『備える。かわさき』／公益財団法人 日本環境協会

答え➡別冊解答1ページ

得点

100点

わたしたちのまち①

❶ あるまちのようすをあらわした次の絵を見て，あとの問題に答えましょう。

（1つ10点）

● 次の5つのしせつを，上の絵の中から見つけて，そのしせつの絵を○で，かこみましょう。

消防しょ　　駅　　けいさつしょ　　神社　　ゆうびん局

2 あるまちのようすをあらわした次の絵を見て，あとの問題に答えましょう。

（1つ10点）

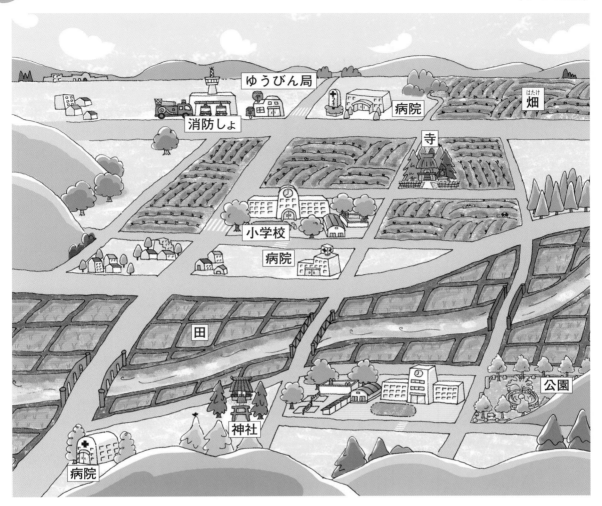

（1） 病院はいくつありますか。数字を書きましょう。

（　　　　　）

（2） 川に橋は何本かかっていますか。数字を書きましょう。

（　　　　　）

（3） 寺のまわりに広がっているのは何ですか。名前を書きましょう。

（　　　　　）

（4） 川のまわりに広がっているのは何ですか。名前を書きましょう。

（　　　　　）

（5） 消防しょのとなりにあるしせつは何ですか。名前を書きましょう。

（　　　　　）

答え➡別冊解答1ページ

得点

100点

2 わたしたちのまち②

おぼえよう　学校のまわり（方位と絵地図）

地図の方位

- 方位は，東・西・南・北であらわす。
  └→四方位という

- 方位を調べるには，方位じしん（コンパスともいう）を使う。

- 地図はふつう，北を上にしてあらわす。➡北が上でない地図は，方位をしめすしるしであらわす。（方位記号）

▲方位じしん
方位じしんは色のついたはりが北をさす。

四方位

北

西　　東

南

▲方位

方位をしめすしるし（方位記号）

学校

公園

▲北が上でない地図

絵地図を作る

まちたんけんで調べたことを，絵や図であらわしたものを絵地図という。

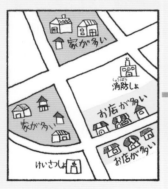

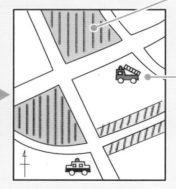

家や店は一けんずつかかないで，色分けしてまとめる。

どんな場所なのか，みんながわかるように，記号やしるしを決めてからかきこむ。

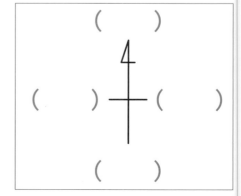

みんなで決めたしるしのれい
🚓 けいさつしょ　▮▮▮ 家が多い所
🚒 消防しょ　▨ 店が多い所

1 方位について，次の問題に答えましょう。

（1つ5点）

(1) 方位を調べるのに使うものを何といいますか。　（　　　　　　）

(2) 地図はふつう，北を上・下・左・右のどの向きにしてあらわしますか。

（　　　　　　）

(3) 右の図の（　）に，あてはまる方位を書きましょう。（全部できて20点）

（　　　）

（　　　）　（　　　）

（　　　）

2 次の①，②は，まちたんけんのメモと，その絵地図です。これを見て，あとの問題に答えましょう。(3)・(4)はしるしの向きが正しければ正かいです。　（1つ10点）

(1) 銀行（ぎんこう）の南がわには，何がありますか。　（　　　　）

(2) 消防（しょうぼう）しょの西がわには何がありますか。　（　　　　　　　）

(3) ②では，家が多い所（ところ）は，どんなしるしを使（つか）ってあらわしていますか。次の□□□にしるしを書きましょう。　（□□□）

(4) ②には，店が多い所のしるしがぬけています。②の地図に書きこんで地図をかんせいさせましょう。

3 次の地図についてあとの問題に答えましょう。
((1)全部できて10点，(2)1つ10点)

(1) みんなで決（き）めたしるしを使って，絵地図をかんせいさせましょう。

まちたんけんの地図

絵地図（えん筆（ぴつ）で書いてもしるしの向きが正しければ正かいです。）

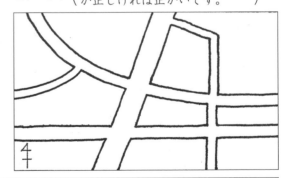

(2) 次の文の（　）に方位（四方位（しほうい））をかきましょう。

けいさつしょは，消防しょの①（　　　　）がわにあり，

銀行の②（　　　　）がわにある。

3 わたしたちのまち③

答え➡別冊解答2ページ

得点

100点

おぼえよう　地図でわかること（地図記号）

地図記号

　地図には，たて物などをあらわすために，あらかじめ決められたしるしがある。これを地図記号という。

記号	意味	記号	意味	記号	意味	記号	意味	記号	意味
‖	田	Y	消防しょ	卍	寺	文	学校	◎	市役所
∨	畑	⊗	けいさつしょ	开	神社	🏠	ろう人ホーム	♂	かじゅ園
⊖	ゆうびん局	☼	工場	⊞	病院	⧓	橋	⌂	自ぜんさいがいでんしょうひ
📖	図書館	✕	交番	🏛	はく物館	▬▬	鉄道	⊕	発電所

1 　次の①〜⑧の地図記号は，何をあらわしていますか。　　　　からえらんで書きましょう。

（1つ4点）

① 卍 （　　　　）	② 文 （　　　　）	③ Y （　　　　）	④ ◎ （　　　　）

⑤ ‖ （　　　　）	⑥ ⊞ （　　　　）	⑦ ⊗ （　　　　）	⑧ ⊖ （　　　　）

寺　　ゆうびん局　　病院　　田　　市役所　　けいさつしょ　　学校　　消防しょ　　畑

2 次の①～⑥をあらわす地図記号を，□の中にかきましょう。

（1つ3点）

① 学校

② 消防しょ

③ 神社（じんじゃ）

④ 病院

⑤ けいさつしょ

⑥ 畑

3 左の地図の，①～⑩のしせつなどを，右の地図の（　）に，地図記号でかきましょう。

（1つ5点）

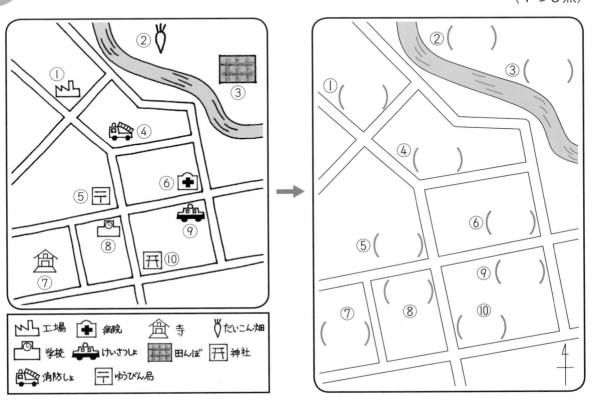

4 わたしたちのまち④

得点

100点

おぼえよう　たて物のようすを調べる（地図を使って）

たんけんしてわかったこと，発見したこと，もっと知りたいことを地図にメモをする。

気づいたことやびっくりしたことなどを書く。

または，カードをつくって，写真や絵を入れたメモをのこしてもよい。

図書館

本が2万さつもおいてある。

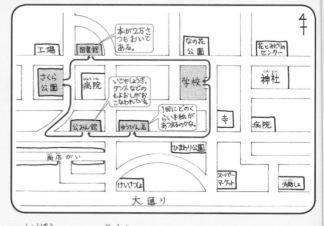

気がついたことをまとめる。

- 学校の東がわには，寺や神社など古いたて物がある。
- 学校，公園，公みん館，けいさつしょ，消防しょ，図書館など，みんなのためにつくられた公共しせつが多い。

1 次の①〜③は，まちを調べていて，おもしろいなと思った場所のメモです。絵に合う文を，　　　　からえらんで（れい）のように書きましょう。　　　（1つ10点）

大きなえんとつがあった。　　あのかねは何時に鳴らすのかな。　　すな場であそびたいな。

2 次の①〜④はまちを調べたときに書いたメモです。どこの場所を書いたメモなのか，　　　からえらんで，名前を書きましょう。　　　　　　　　　　（1つ10点）

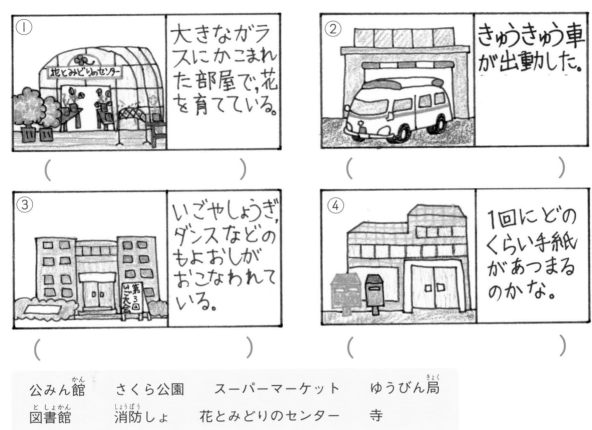

① 大きなガラスにかこまれた部屋で，花を育てている。

（　　　　　　）

② きゅうきゅう車が出動した。

（　　　　　　）

③ いごやしょうぎ，ダンスなどのもよおしがおこなわれている。

（　　　　　　）

④ 1回にどのくらい手紙があつまるのかな。

（　　　　　　）

公みん館	さくら公園	スーパーマーケット	ゆうびん局
図書館	消防しょ	花とみどりのセンター	寺

3 次の①〜③は，それぞれどの場所で書いたメモですか。右の地図中の㋐〜㋓からえらんで，記号を書きましょう。　　　　　　　　　　（1つ10点）

① スーパーマーケットをすぎると，家が多い。　（　　　）

② ゆうびん局を出て交さ点を注意してわたった。

（　　　）

③ どんなやさいができるのかな。

（　　　）

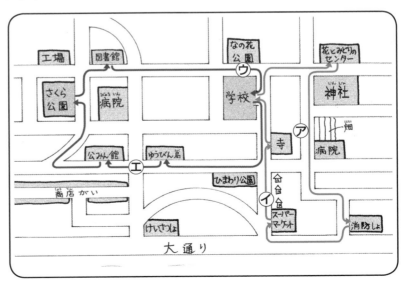

答え➡別冊解答2ページ

5

わたしたちの市①

得点

100点

おぼえよう 市の位置やまわりの市やまち（川崎市の場合）

県のなかでの市の位置や，となりの都・道・府・県や市はどこか，海に面しているかどうかなどを調べるときには，地図を使う。

川崎市の位置

- 川崎市は神奈川県のなかで北がわにある。
- 市の北がわには東京都があり，南がわには横浜市（神奈川県）がある。
- 市の東がわには海があって，となりあう市やまちはない。
- 川崎市は，7つの地いき（区）に分かれている。
  →いちばん広いのは川崎区。

▲川崎市の7つの区

1 次の文中の（　）にあてはまることばを，　　　からえらんで書きましょう。

（1つ10点）

(1) 川崎市は，神奈川県のなかで（　　　　　）がわにあります。

(2) 市の①（　　　　　）がわには横浜市があって，②（　　　　　）がわは東京都に面しています。

(3) 市は海にも面しています。海は市の（　　　　　）がわにあります。

北　　南　　西　　東

② 川崎市のまわりの市やまちについて，次の問題に答えましょう。

（1つ10点）

（1） 川崎市は，何県ですか。

（　　　　　　　県）

（2） 市の北がわにあるのは何ですか。
◻️からえらんで書きましょう。

（　　　　　　　　　）

> 神奈川県　　海　　東京都

（3） 川崎区は海に面しています。何という海ですか，◻️からえらんで書きましょう。

（　　　　　　　　　）

> 相模わん　　東京わん

③ 次の文章を読んで，あとの問題に答えましょう。

（1つ10点）

> 川崎市は，東西に長い形をしています。
> 　川崎市は神奈川県にあって，市の北がわは（　⑦　）とせっしています。市の南がわには，県で一番大きい（　⑦　）市があります。市のいちばん東の川崎区は，海に面しています。

（1） 文中の⑦にあてはまる都道府県名を書きましょう。

（　　　　　　　　　　　）

（2） 文中の⑦にあてはまる市の名前を書きましょう。

（　　　　　　　　　　　）

（3） 川崎区が面している，＿＿部の海の名前を書きましょう。

（　　　　　　　　　　　）

6 わたしたちの市②

得点

100点

おぼえよう　市の土地のようす（ある都市の場合）

市の土地のようすの調べ方のれい

①市全体の地図を見る。

②行ったことのある所にしるしをつける。

③かよっている学校がある所をさがす。

緑の多い所
● 学校の北に広がる。

八方位

方位をさらにくわしくあらわすことができる。

北西　北　北東

西　　　　　東

南西　南　南東

にぎやかな所
● 学校の南西にある。

工場の多い所
● 学校の南にある。

市のさかいをあらわす線

たから山　月山　ほし山

緑の多い所

にぎやかな所

文　学校　中川

田や畑の多い所　三池

大町　中川　三池

工場の多い所　とう台

○行ったことのある所

田や畑の多い所
● 学校の東にある。

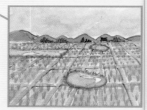

1　右の地図を見て，あとの問題に答えましょう。

（1つ6点）

(1)　学校のそばを流れる川の名前を地図中からさがして書きましょう。

（　　　　　　）

(2)　学校の南の海ぞいは，どんな所ですか。地図中からことばをさがして書きましょう。（　　　　　所）

(3)　学校から見て，月山はどの方位にありますか。八方位で答えましょう。

（　　　　　　）

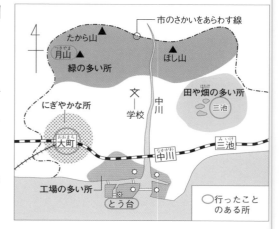

市のさかいをあらわす線

たから山　月山　ほし山

緑の多い所

にぎやかな所

文　学校　中川

田や畑の多い所　三池

大町　中川　三池

工場の多い所　とう台

○行ったことのある所

② 次の問題に答えましょう。

(1つ6点)

(1) 次の⑦～⑦の文で，市のようすの調べ方として正しいものには○を，まちがっているものには×を，（　）に書きましょう。

⑦（　　　）どんな場所があるのかをそうぞうして地図にかく。

⑦（　　　）市役所や駅に行って，パンフレットをもらう。

⑦（　　　）なるべくひくい所から市のようすをながめる。

(2) 次の①～④の絵は，市内のようすをあらわしています。それぞれ，どんな所のようすですか。　　　　からえらんで書きましょう。

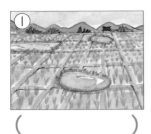   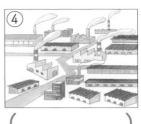

（　　　　　　　）（　　　　　　　）（　　　　　　　）（　　　　　　　）

緑の多い所　　工場の多い所　　田や畑の多い所　　にぎやかな所

③ 右の地図を見て，あとの問題に答えましょう。(2)～(4)は，地図中からことばをさがして書きましょう。

(1つ8点)

(1) 大町駅から見て，学校はどの方位にありますか。八方位で答えましょう。（　　　　　　　）

(2) 月山は，市のどんな所にありますか。

（　　　　　　　所）

(3) 中川が海にそそぎこむ所は，どんな所になっていますか。

（　　　　　　　所）

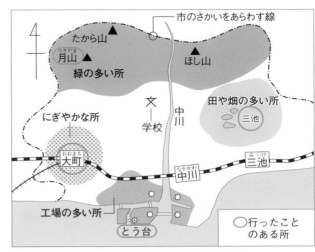

(4) 電車に乗って大町駅から三池駅まで行く間に，市のどんな所を通りますか。地図中からえらんで，じゅんに書きましょう。

大町駅→①（　　　　　　　所）→②（　　　　　　　所）→三池駅

答え➡別冊解答3ページ

7 わたしたちの市③

得点

100点

おぼえよう　田や畑の多い所に注目する

- 土地のようす➡平らな土地で，田や畑が広がっている。大きなため池がたくさんある。
- たて物のようす➡家が集まっている。
- 交通のようす➡駅や鉄道から少しはなれている。
- 人びとのようす➡家があまり多くないため，人口もそれほど多くない。

- 西がわに田，東がわに畑が広がっている。
- 田にひつような水をためる池が多い。

‖ 田　⊕ゆうびん局　×交番　卄神社　━━ 農道
∨ 畑　▨ ため池　⛩ろう人ホーム　▨ 家のある所

---

1 右の地図を見て，あとの問題に答えましょう。

（1つ9点）

(1) 地図中に多く広がっている田の地図記号をかきましょう。

（　　　）

(2) 地図中の①，②の地図記号の名前を書きましょう。

① （　　　　　　　）

② （　　　　　　　）

(3) 地図中の③は何ですか。

（　　　　　）

━━ 農道　▨ 家のある所　▨ ため池

2 右の地図は，ある市の土地の高さをあらわした図です。これを見て，あとの問題に答えましょう。

（1つ8点）

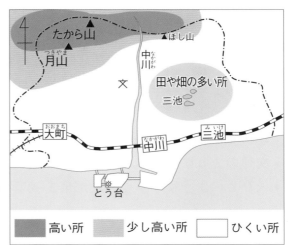

(1) 田や畑の多い所は，高い所，少し高い所，ひくい所のどこにありますか。　（　　　　　　　　）

(2) 田や畑の多い所は，市全体のどの方位にありますか。四方位で答えましょう。　（　　　　　　　　）

(3) 田や畑の多い所は，学校から見て，どの方角にありますか。

（　　　　　　　　）

3 次の絵や地図は，ある市の田や畑の多い所のようすをあらわしたものです。これを見て，あとの問題に答えましょう。

（1つ10点）

(1) 絵にあるゆうびん局を，右の地図中の同じ所に地図記号でかきましょう。

(2) 神社から見て，交番はどの方角にありますか。八方位で答えましょう。

（　　　　　　　）

(3) 次の文章の①，②にあてはまることばを，　　　　からえらんで書きましょう。

このあたりは，山がなく，土地が①（　　　　　　　　　　）である。
②（　　　　　　　　　）がわには畑があるが，大部分の土地が田にりようされている。また，大きなため池がいくつもある。

でこぼこ　　西　　平ら　　東

8 わたしたちの市④

得点

100点

おぼえよう にぎやかな所に注目する

- 土地のようす➡平らな土地で，たて物が多い。
- たて物のようす➡駅の北と西は家や店が多い。駅の東と南は高いたて物が多い。
- 交通のようす➡2本の鉄道が通る駅がある。
- 人びとのようす➡多くの人が集まっている。

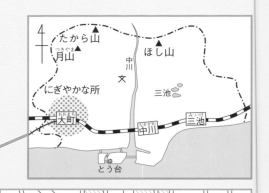

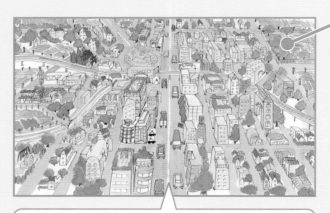

- 駅の南がわに市役所，けいさつしょ，ゆうびん局などの大きなたて物が集まっている。

家や店の多い所　　高いたて物の多い所
◎市役所　🖂ゆうびん局　⊗けいさつしょ　×学校
⊞病院　卐神社　▥図書館　×交番　鉄道

1 右の地図を見て，あとの問題に答えましょう。

（1つ10点）

(1) この地図は，にぎやかな所と，田の多い所のどちらをあらわしていますか。　（　　　　　）

(2) 地図中の①の地図記号の名前を書きましょう。
　（　　　　　）

(3) 地図中の ▭ は，何が多い所ですか。
　（　　　　　）

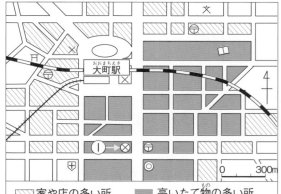

家や店の多い所　　高いたて物の多い所
◎市役所　🖂ゆうびん局　×学校　卐神社
⊞病院　▥図書館　×交番　鉄道

2 右の地図を見て，あとの問題に答えましょう。

（1つ15点）

（1）　にぎやかな所について，正しい文になるように，（　）にことばを書きましょう。

> にぎやかな所は，２本の
> （　　　　　　　　　）が通る大町駅
> のまわりに広がっている。

（2）　にぎやかな所は，学校から見てどの方位にありますか。八方位で答えましょう。　　　（　　　　　　）

3 次の絵や地図は，にぎやかな所のようすをあらわしています。これを見て，あとの問題に答えましょう。

（1つ10点）

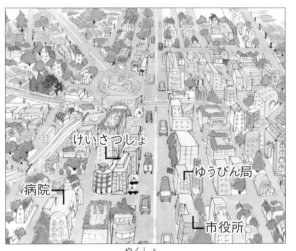

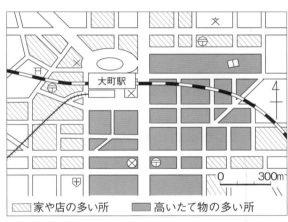

（1）　絵にある市役所を，右の地図中の同じ所に地図記号でかきましょう。

（2）　病院から見て，図書館はどの方位にありますか。八方位で答えましょう。

（　　　　　　　　　　）

（3）　次の文章の①，②にあてはまることばを，　　　からえらんで書きましょう。

> にぎやかな所は，大きな①（　　　　　　）のまわりにある。家や店，
> ②（　　　　　　）たて物が多く見られる。また，車が多く通る道が
> 見られる。

川　　駅　　高い　　ひくい

答え➡別冊解答4ページ

9 わたしたちの市⑤

得点

100点

おぼえよう　工場の多い所に注目する

- 土地のようす➡海に近い平らな土地で，工場や家や店が多い。
- たて物のようす➡高速道路の北がわには家や店が，南がわには工場が多い。
- 交通のようす➡広い道路や，高速道路がある。
- 人びとのようす➡工場ではたらく人が多い。

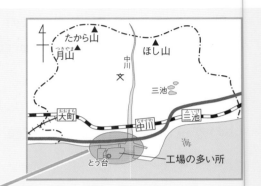

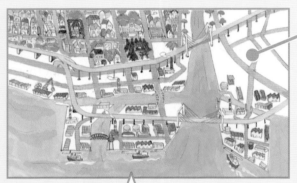

- 工場でつくったせい品を，一度にたくさん運ぶためには，船がりようされるので港が近い。

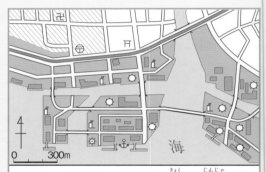

☆とう台　♨えんとつ　⊕ゆうびん局　卍神社　卍寺
○工場　⚓港　━━高速道路
▨家や店の多い所　■工場が多い所

1　右の地図を見て，あとの問題に答えましょう。

（1つ10点）

(1) 地図中に多く見られる工場の地図記号をかきましょう。（　　　　　）

(2) 地図中の①の地図記号の名前を書きましょう。

（　　　　　　　）

(3) 次の文は，この地図を見てわかることです。（　）にあてはまる方位を書きましょう。

　工場は，高速道路の（　　　）がわに多くたてられている。

☆とう台　○工場　⚓港　⊕ゆうびん局　卍神社　卍寺
━━高速道路　▨家や店の多い所　■工場が多い所

2 右の地図を見て，あとの問題に答えましょう。

（1つ15点）

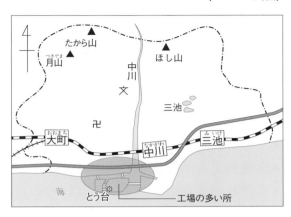

(1) 工場の多い所について，正しい文になるように，（ ）にことばを書きましょう。

> 工場の多い所は，市の中の，
> （　　　　　　　　　　）に面した所
> に広がっている。

(2) 工場の多い所は，学校から見てどの方位にありますか。　（　　　）

3 次の絵や地図は，工場の多い所のようすをあらわしています。これを見て，あとの問題に答えましょう。

（1つ10点）

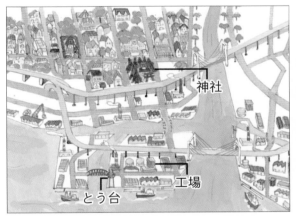

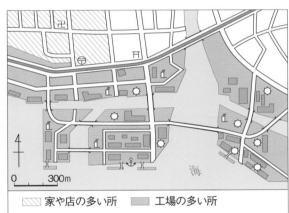

家や店の多い所　　工場の多い所

(1) 絵にあるとう台を，右の地図中の同じ所に地図記号でかきましょう。

(2) 神社から見て，ゆうびん局はどの方位にありますか。四方位で答えましょう。

（　　　　　　　）

(3) 次の文章の①，②にあてはまることばを，　　　　からえらんで書きましょう。

> 工場の多い所は，海に近い所にある。多くの①（　　　　　　　）
> が行き来し，荷物をつんだりおろしたりしている。また，トラックで
> 荷物を運ぶために，広い②（　　　　　　　）が近くにある。

船　　電車　　線路　　道路

10 わたしたちの市⑥

答え➡別冊解答4ページ

得点

100点

おぼえよう　緑の多い所に注目する

- 土地のようす➡山が多く，高い土地。林が広がっていて，川が流れている。
- たて物のようす➡山には寺や神社が多い。
- 交通のようす➡鉄道や広い道路はない。
- 人びとのようす➡あまり人はいない。

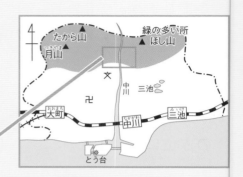

- 山は林でおおわれている。
- 山のふもとには田が広がっている。

田　あれ地　卍寺　家のある所　×交番
畑　林　神社　はく物館　──農道
ゆうびん局　緑の多い所

---

1 右の地図を見て，あとの問題に答えましょう。

（1つ10点）

(1) 地図中に見られる寺の地図記号をかきましょう。　（　　　）

(2) 地図中の①，②の地図記号の名前を書きましょう。

①（　　　　）
②（　　　　）

(3) 地図中で田が多い所は，北と南のどちらですか。

（　　　）

田　畑　林　家のある所　はく物館
×交番　ゆうびん局　──農道　緑の多い所

2 右の地図は，ある市の土地の高さをあらわした図です。これを見て，あとの問題に答えましょう。

（1つ10点）

(1) 緑の多い所について，正しい文になるように，（ ）にことばを書きましょう。

[
緑の多い所は，市全体の

（　　　　　　　）の方位に広がっていて，

山が多い。
]

(2) 緑の多い所を流れている川の名前を書きましょう。　（　　　　　　　）

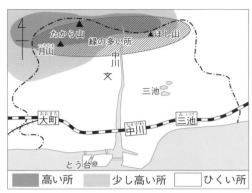

| 高い所 | 少し高い所 | ひくい所 |

3 次の絵や地図は，緑が多い所のようすをあらわしています。これを見て，あとの問題に答えましょう。

（1つ10点）

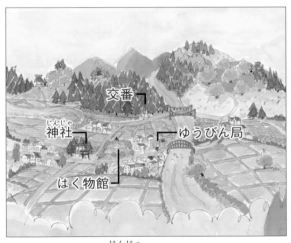

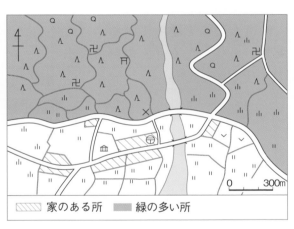

| 家のある所 | 緑の多い所 |

(1) 絵にある神社を，右の地図中の同じ所に地図記号でかきましょう。

(2) ゆうびん局から見て，交番はどの方位にありますか。四方位で答えましょう。　（　　　　　　　）

(3) 次の文章の①，②にあてはまることばを，　　　　からえらんで書きましょう。

[
緑の多い所は，山が多く，高い土地にある。山の方には，

①（　　　　　　　）が広がり，寺や神社が多く見られる。土地のややひくい所には，家があり，そのまわりの土地は，②（　　　　　　　）にりようされている。
]

田　　畑　　林　　かじゅ園

11 わたしたちの市⑦

おぼえよう　交通に注目する

交通のようす

- 鉄道：ＪＲや，私鉄など。東西に走っている。
- 道路：高速道路（国道）やそのほかの道路。
- 船の出入りする港がある。

にぎやかな所の交通のようす

- ２本の鉄道が通っていて，中央の広い道路はバス通りになっている。

工場の多い所の交通のようす

- 高速道路（国道）が通っていて，鉄道も近くを通っている。
  - └➡トラックで物を運べる
  - └➡工場ではたらく人がりようする
- 港があり，たくさんの荷物が出入りできる。

---

1 **右の地図を見て，次の問題に答えましょう。**

（1つ10点）

(1) 鉄道は，市のどんな所を通っていますか。＿＿からえらんで書きましょう。

（　　　　　　　　）

山がわ　　中央　　海がわ

(2) 地図中の３つの駅のうち，２つの鉄道が通る駅はどこでしょう。

（　　　　　駅）

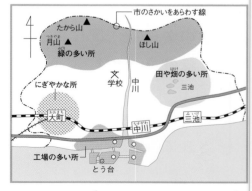

2 右の㋐・㋑の2つの地図を見て，次の問題に答えましょう。

（1つ15点）

（1）㋐の地図で，大町駅を出発して南西方向に走る交通きかんはどれですか。⬚⬚⬚からえらんで，書きましょう。

（　　　　　　）

JR　　バス　　私鉄

（2）㋑の地図で，家や店の多い所は，地図の中ではどの方位にありますか。八方位で答えましょう。（　　　　　　）

（3）次の文が地図の説明にあうように，（　）にあてはまることばを⬚⬚⬚からえらんで，書きましょう。

> 市のおもな交通きかんである高速道路は，（　㋐　）を通っている。また，交通きかんは，多くの物が運ばれる所や，（　㋑　）所に集まることがわかる。

㋐（　　　　　　　）　㋑（　　　　　　　）

山の近く　　海の近く　　多くの人がいる　　人の住んでいない

㋐

家や店の多い所　■高いたて物の多い所
◎市役所　⊕ゆうびん局　⊗けいさつしょ　文学校
⊞病院　♯神社　🏛図書館　×交番
—— JR　┄┄┄┄ 私鉄

㋑

☼とう台　🏭えんとつ　⊕ゆうびん局　♯神社　卍寺
⚙工場　⚓港　━━高速道路
家や店の多い所　■工場が多い所

---

3 右の地図を見て，次の文が正しければ○を，まちがっていれば×を書きましょう。

（1つ10点）

（1）（　　　　）市内の2つの鉄道は，どちらもほかの市やまちとはつながっていない。

（2）（　　　　）大町駅と中川駅の間で鉄道にのっていると，北がわに高速道路が見える。

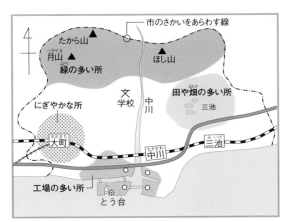

答え➡別冊解答5ページ

12 わたしたちの市⑧

得点

100点

おぼえよう　公共しせつや古くからあるたて物に注目する

公共しせつ

● 市役所・学校・公みん館など，地いきの人々がりようできるようにつくられたしせつのこと。

● 駅の近くのにぎやかな所など，人が多く住んでいる所に多い。

古くからあるたて物

● 古いお寺や神社，城など，古くからのこるたて物から，市の昔のようすがわかる。

→ 祭りやげいのうなどものこされている。

→ 石ひからも，昔おこった大きなさい害や，先人のことなどのようすを知ることができる。

● お寺や神社などは，市内の古い地いきに集まっていることが多い。

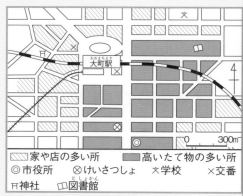

▲にぎやかな所に多い公共しせつ

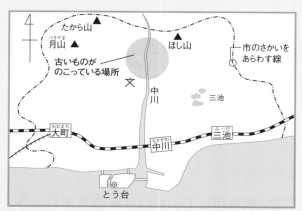

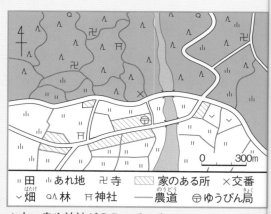

▲古い寺や神社がのこっている

1 次の地図記号があらわすものを書きましょう。また，公共しせつをあらわすものには○を，そうでないものには×を書きましょう。 （1つ5点）

	① 文	② 卍	③ ⛩	④ ◎	⑤ 📖
名前	(　　)	(　　)	(　　)	(　　)	(　　)
○か×	(　　)	(　　)	(　　)	(　　)	(　　)

② 右の地図について，次の問題に答えましょう。

（1つ6点）

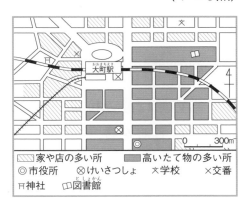

(1) 右の地図の中には，たくさんの公共しせつがあります。そのうち3つをえらんで，□□に地図記号でかきましょう。

(2) けいさつしょがあるのは，大町駅のどちらがわですか。四方位で書きましょう。

（　　　　　　）

(3) 次の文の（　　）にあてはまることばを，〔　　〕からえらんで書きましょう。

> （　⑦　）がりようできるようにつくられた公共しせつは，人が多く集まる駅の近くに多くあります。市役所や図書館は（　④　）にあります。

⑦（　　　　　　　　）　④（　　　　　　　　）

地いきの人　　家や店の多い所　　高いたて物の多い所

③ 次の文章を読んで，あとの問題に答えましょう。

（1つ7点）

> 市の（　⑦　）をつたえるものには，古くからあるお寺や神社などがあります。このような場所には，おどりなどのきょうどげいのうや，夏や秋に行われる（　④　）がつたえられています。

(1) 文中の⑦にあてはまることばを，〔　　〕からえらんで書きましょう。

⑦（　　　　　　　　）

未来のようす　　昔のようす

(2) ④は地いきによって，おみこしなどをかつぐ行事です。あてはまることばを書きましょう。

④（　　　　　　　　）

答え➡別冊解答5ページ

得点

100点

13 たんげんのまとめ

1 次の問題に答えましょう。

（1つ5点）

(1) 右の絵は，方位を調べるために使うものです。この道具の名前を書きましょう。　（　　　　　　　）

(2) 地図はふつう，どの方位を上にしてあらわしますか。東・西・南・北の方位で答えましょう。

（　　　　　　　）

(3) 右の地図中の①〜⑤の地図記号は，それぞれ何をあらわしていますか。　　　からえらんで書きましょう。

① （　　　　　　　）
② （　　　　　　　）
③ （　　　　　　　）
④ （　　　　　　　）
⑤ （　　　　　　　）

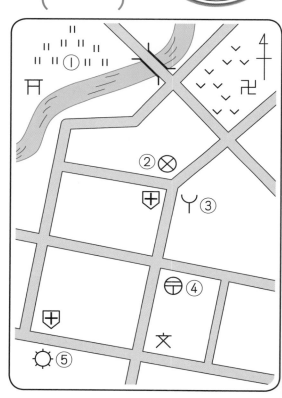

ゆうびん局	田	学校	寺　橋
工場	病院	けいさつしょ	畑
神社	消防しょ		

(4) 右の地図について，正しいものを3つえらんで，（　）に○を書きましょう。

① （　　）学校の北にはゆうびん局がある。
② （　　）北に向かって橋をわたると，学校がある。
③ （　　）南にも田が広がっている。
④ （　　）病院が2つある。
⑤ （　　）お寺のまわりには畑が広がっている。
⑥ （　　）工場の前には神社がある。

2 **ある市のようすについて，次の地図を見て答えましょう。**

（1つ5点）

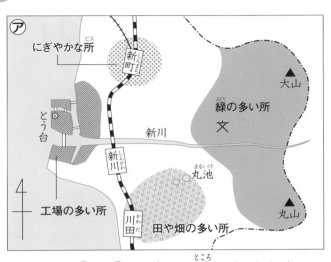

(1) 次の①～③はどんな所にありますか。

アの地図中からさがして書きましょう。

① 学校 （　　　　　　　）

② 新町駅 （　　　　　　　）

③ 川田駅 （　　　　　　　）

(2) アの地図中の丸山は学校から見て，

どの方位にありますか。八方位で答えましょう。　（　　　　　　　）

(3) 田や畑の多い所は，市全体の東・西・南・北のどの方位にありますか。

（　　　　　　　）

(4) 畑の地図記号をかきましょう。　　　　　　　　（　　　　　　　）

(5) 土地の高さをあらわしたイの地図を見て，田や畑の多い所はどんな所か

答えましょう。　　　　　　　　　　　　　　（　　　　　　　）

(6) ウのにぎやかな所の地図を見て，あとの問題に答えましょう。

① 地図中では，高いたて物が多い所とひくいたて物が多い所のはんいは，

どちらが広いですか。　　　　　　　　　　（　　　　　　　）

② 地図中の◎の地図記号の名前を書きましょう。　（　　　　　　　）

③ 病院は新町駅のどちらがわにありますか。四方位で答えましょう。

（　　　　　　　）

ひろげよう 社会

地図マスターになろう！
―地図の使い方と考え方―

社会科の学習には，教科書だけでなく地図帳を使います。地図帳には，日本と世界の多くのじょうほうがかかれています。

地図は，どう使われるのかな？

いろいろな地図

絵地図：地図の中の目標となるものを，記号ではなく絵（イラスト）であらわした地図。

区分図：都道府県の位置や，地方，市などのさかいをしめした地図，気こう区分をあらわした地図などがある。

地形図：地図の中の目標となるものを，地図記号であらわし，地形を同じ高さをむすんだ線（等高線）であらわした地図。

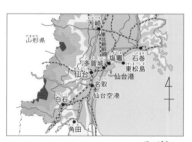

交通図：その地いきの鉄道や道路などのようすを，あらわした地図。船や飛行機の航路があらわされているものもある。

分布図：産業，人口などのちらばり方を，イラストや色分けなどであらわした地図。上の図は産業のようすをあらわした地図。

土地利用図：土地の使われかたを，色分けなどであらわした地図。

★地図のきまりをおぼえよう

等高線とだん面図

等高線は，同じ高さの地点をむすんだ線を地図上にあらわして，地形のようすがわかるようにしています。右の地図の中の等高線は，太いのと細いのと，2しゅるいあります。太いものは100mごとに，細いのは20mごとにひかれています。

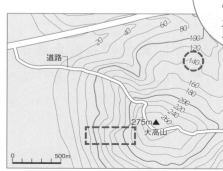

青いわくの中の，しまもようのような線の1本1本が等高線だよ。140と書いてあるのは，等高線の土地の高さをしめしているよ。

等高線の図では，土地の形がわかりにくいというときは，下のように等高線ごとに色分けする。または，2点をむすんだ線で切って，横から見た図（だん面図）にすると，土地の形がわかりやすくなります。

▶▶ ここをチェック！ ◀◀

①等高線のはばが広い➡かたむきがゆるやか。
②等高線のはばがせまい➡かたむきが急。

平面図（上から見た図）
等高線　広い　せまい

だん面図（横から見た図）
400m
300
200
100
0
ゆるやか　急
あ　い

しゅくしゃく

地図をつくるとき，じっさいの長さや大きさのままでは，大きすぎてあらわすことはできません。ちぢめてあらわします。そのちぢめたわりあいをしゅくしゃくといいます。たとえば，じっさいの長さが100mの道を，地図では1cmであらわしたとき，1万分の1にちぢめているといいます。500mを2cmであらわしていれば2万5千分の1に，500mを1cmであらわしていれば，5万分の1にちぢめているといいます。

▶▶ ここをチェック！ ◀◀

見ている地図のしゅくしゃくを調べるとき，地図の中にあるものさしのようなもの（スケールバー）を見ます。

① 1万分の1➡1cmが100m
② 2万5千分の1➡1cmが250m，2cmが500mなど。
③ 5万分の1➡1cmが500m，2cmが1000mなど。

橋
0　300m　スケールバー

交とう台　えんとつ　ゆうびん局　神社　寺
工場　港　高速道路
家や店の多い所　工場が多い所

このスケールバーを使って，地図の上にある橋の長さは，およそ300mだとわかりますね。

地図のしゅくしゃくは，たくさんあります。日本全体をあらわす地図は800万分の1などです。地図帳をひらいてたしかめてみましょう。

考えてみよう

● わたしはどこにいるでしょう。次のせつめいにしたがって進み，わたしのいる場所を見つけてください。見つけたら，地図の中のことばで書きましょう。

けいしちょう　ほうむしょう
うちぼり通り
べんごし会館
さくら田通り
ひびや公園
ひびや通り
こっかい通り
がいむしょう　じんじいん　ひびや公会堂

方位に注意して，えんぴつなどで道をたどろう。

「がいむしょうの南西のこっかい通りを南東に向かって進みます。ひびや通りにぶつかる左の角のしせつの前にいます。」

・答え　ひびや公会堂の前

14 店を調べよう①

答え➡別冊解答5ページ

得点

100点

おぼえよう　買い物調べをしよう

買い物調べのやり方

- いつ，どこで，何を買ったのかや，気がついたことをカードにまとめる。
- クラスのみんなが書いたカードを集めて，グラフにまとめてみる。
- それぞれのお店のよいところを考えてみる。

◆　3組　えいた　9月22日（土）	
買い物に行った店	買った物
やおやさん	キャベツ・きゅうり
肉屋さん	ぶた肉
魚屋さん	さんま
コンビニエンスストア	パン・ジュース
気がついたこと	おかあさんは，毎日，夕方に近くの商店がいで，いろいろな買い物をしている。

▲えいたさんの買い物カード（れい）

> 曜日によって買う物がちがうこともあるので，1週間つづけるとよい。

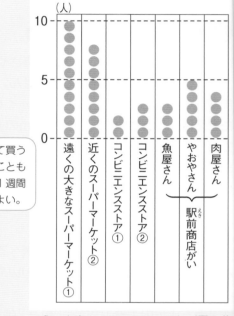

▲えいたさんのクラスのみんなが買い物に行った店（れい）

1 次の買い物カードを見て，あとの問題に答えましょう。

（1つ10点）

(1) えいたさんの家では，パンはどこで買いましたか。

（　　　　　　　　　　）

(2) えいたさんの家でも，ひまりさんの家でも買った物は何ですか。2つ書きましょう。

（　　　　　）（　　　　　）

(3) ひまりさんの家では，重い物を買うときには，何をりようしていますか。

（　　　　　　　　　　）

● 3組　えいた　9月22日（土） ●	
買い物に行った店	買った物
やおやさん	キャベツ・きゅうり
肉屋さん	ぶた肉
魚屋さん	さんま
コンビニエンスストア	パン・ジュース
気がついたこと	おかあさんは,毎日,夕方に近くの商店がいで,いろいろな買い物をしている。

● 3組　ひまり　9月23日（日） ●	
スーパーマーケット	米・キャベツ・レタス,トイレットペーパー・ぶた肉
気がついたこと	重い物やたくさんの物を買うときは，自動車で行く。

2 　右のグラフは, りくさんのクラスの買い物調べ^{しら}をまとめたものです。これを見て, あとの問題に答えましょう。　　　　　　　　　　　　（1つ6点）

(1)　やおやさんには, 何人が買い物に行きましたか。

（　　　　　　　　）

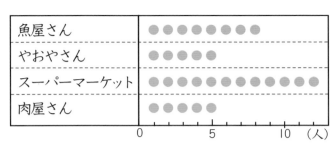

魚屋さん	●●●●●●●●
やおやさん	●●●●●
スーパーマーケット	●●●●●●●●●●●●●
肉屋さん	●●●●●

```
0        5        10   (人)
```

(2)　みんながいちばん多く買い物に行ったお店はどこですか。

（　　　　　　　　）

(3)　次の⑦～⑰の文のうち, グラフと合っているものには○を, まちがっているものには×を, （　）に書きましょう。

⑦（　　　）やおやさんと肉屋さんに行った人数は同じである。

⑦（　　　）魚屋さんには7人の人が買い物に行った。

⑰（　　　）魚屋さんに行った人数は3番目に多い。

3 　次のしおりさんの買い物調べを読んで, 下の買い物カードの①～⑤に, あてはまることばを書きましょう。　　　　　　　　　　　　（1つ6点）

> 　6月12日の土曜日, おかあさんはカレーライスをつくるので, 近くの商店がいに買い物に行きました。肉屋さんで牛肉を買い, 次にやおやさんで, じゃがいもとにんじんを買いました。それから, コンビニエンスストアでカレールーを買いました。帰りに, おさしみを魚屋さんで買いました。魚屋さんでは, 毎日買い物に行くので, サービスをしてくれたそうです。

● 3組　しおり　6月12日（土）●

買い物に行った店	買った物
肉屋さん	牛肉
やおやさん	じゃがいも・①（　　　　　　）
②（　　　　　　　　）	カレールー
③（　　　　　　　　）	④（　　　　　　）
気がついたこと	⑤近くの（　　　　　　　　）には, いろいろなお店があって, とてもべんりだと思った。

15 店を調べよう②

得点

100点

おぼえよう　スーパーマーケットではたらく人

たくさんの人に買い物に来てもらうためのスーパーマーケットのくふうを調べる。

計算をする人（レジ）
- 品物の代金を受けとる。
→品物は大切にあつかう。お客さんをまたせないよう，早く正かくな仕事をこころがけている。

品出しをする人（売り場）
- 品物を足したり，ならべたりする。
→賞味期限の切れたものやいたんだものがないかをみて，品しつに気をつけている。
　→おいしく食べられる期限のこと

品物の注文をする人（じむ室）
- コンピューターで品物を注文する。
→品物が足りなくなったり，売れのこりが多くならないようにしている。

品物のほうそうをする人（サービスカウンター）
- 品物のほうそうをする。
→品物をきれいにつつむほかに，お客さんのしつもんに答えたりもする。

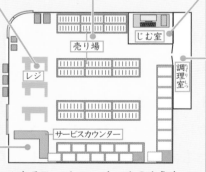

▲あるスーパーマーケットのようす

調理をする人（調理室）
- 魚を切ったり，おそうざいをつくっている。お客さんから調理をたのまれることもある。
→せいけつにしている。きれいにもりつけている。

---

1 次の図中の⑦〜㋔は，あるスーパーマーケットではたらく人をしめしています。（　）にあてはまることばを，　　　からえらんで書きましょう。　（1つ6点）

⑦品物の（　　　　　）をする人

㋑（　　　　　）をする人

㋒（　　　　　）をする人

㋓品物の（　　　　　）をする人

㋔（　　　　　）をする人

| 品出し　　ほうそう　　計算　　調理　　注文 |

2 次の①〜④の絵は，スーパーマーケットではたらいている人たちのようすです。それぞれの仕事について，（　）にあてはまることばを，▨▨▨からえらんで書きましょう。

（1つ10点）

① （　　　　　　　　　）を足したり，賞味期限の切れたものがないか気をつけている。

② （　　　　　　　　　）にしている。また，きれいにもりつけをしている。

③　コンピューターで，品物を（　　　　　　　　　）している。

④　品物の代金を受けとり，（　　　　　　　　　）を正かくにわたすように気をつけている。

注文　　品物　　おつり　　せいけつ

3 右の図は，あるスーパーマーケットのようすです。これを見て，次の問題に答えましょう。

（1つ10点）

(1)　次の①，②の文は，お客さんからスーパーマーケットへのおねがいです。それぞれ，どの人が行う仕事ですか。線でむすびましょう。（全部できて10点）

①「おさしみをつくってほしい。」　・　　・あ ほうそうをする人

②「おくりもの用にきれいにつつんでほしい。」・　　・い 調理をする人

(2)　次の①，②の仕事をするのは，どこの人ですか。場所を書きましょう。

①　品物の代金を受けとり，正かくにおつりをわたす仕事。

（　　　　　　　　　）

②　品物がいたんでいないか気をつけ，新しい品物をならべる仕事。

（　　　　　　　　　）

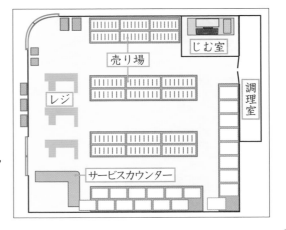

16 店を調べよう③

おぼえよう　スーパーマーケットのくふう

品物をえらびやすくするくふう

● ねふだにねだんが大きく書かれていて、わかりやすい。

● どこに何がおいてあるか書いてあり、品物をさがしやすい。

● いっしょに食べる物が近くにおいてあり、買いやすい。

多くのお客さんが来やすいくふう

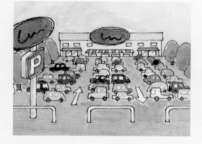

● 売り場の通路が広くて、カート、ベビーカー、車いすなどが通りやすい。

● 広いちゅう車場があるので、車で来るのにべんり。

● しょうがいのある人や子どもをつれた人が、買い物をしやすいくふうをしている。

● そのほかにも、お金を引き出せるＡＴＭをおいたり、クレジットカードや電子マネーでも買い物できるくふうをしている。

---

1 次の①～③の絵は、スーパーマーケットで見ることができるものです。それぞれの名前を、　　　　からえらんで書きましょう。

（1つ10点）

ちゅう車場
品物
カート
ねふだ

（　　　　　）（　　　　　）（　　　　　）

2 次の絵は，スーパーマーケットがしているくふうです。それぞれがどんなくふうか，（　）にことばを書きましょう。

（1つ10点）

（　　　　　　　　）を大きく書いて，見やすくしている。

（　　　　　　　）を広くして，カートを使いやすくしている。

車で来る人のために広い（　　　　　　　）がある。

3 スーパーマーケットのくふうについて，あとの問題に答えましょう。

（1つ10点）

(1) 右の①，②は，どのような人のためのくふうですか。▢▢からえらんで書きましょう。

① （　　　　　　　　　　）

② （　　　　　　　　　　）

　　足のふじゆうな人　　目のふじゆうな人　　車で来た人　　小さな子どもをつれた人

(2) 右の①，②は，スーパーマーケットがしているどのようなくふうですか。▢▢からえらんで書きましょう。

いっしょに食べる物を，近くにおいている。

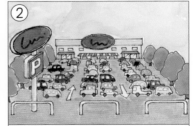

広いちゅう車場をつくっている。

① （　　　　　　　　　　　　　　　　　　　）

② （　　　　　　　　　　　　　　　　　　　）

　　多くのお客さんが来やすいくふう　　品物をえらびやすくするくふう

17 店を調べよう④

得点

100点

おぼえよう　スーパーマーケットでの買い物

おうちの人が買い物で気をつけること

● 買いすぎない。

➡ スーパーマーケットは，いろいろな品物を一度
に買えてべんりだが，ひつようなぶんだけ買う。

● チラシをよく見てから買う。

➡ ねだんに気をつけて，ひつような物を買う。

● 品しつひょうじをよく見て買う。

● 安全な品物を買う。

➡ だれがつくったのかわかるしくみもある。
　　　　　➡トレーサビリティという

お店にのぞむこと

どこでつくられたのかを知らせてほしい。	品切れがないようにしてほしい。	できるだけねだんを安くしてほしい。	安全な品物をそろえてほしい。	べんりなサービスをしてほしい。

品物に書かれていること

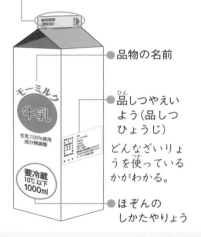

● おいしくのむことができる賞味期限が書かれている。

● 品物の名前

● 品しつやえいよう（品しつひょうじ）

どんなざいりょうを使っているかがわかる。

● ほぞんのしかたやりょう

---

1 右の図の⑦～⑦は，牛にゅうパックに書かれていることをしめしています。これを見て，あとの問題に答えましょう。　　（1つ7点）

(1) ⑦～⑦に書かれていることを，　　　　からえらんで書きましょう。

⑦ (　　　　　　　　　　　)

⑦ (　　　　　　　　　　　)

⑦ (　　　　　　　　　　　)

> ほぞんのしかたやりょう　　品物の名前
> 品しつやえいよう

(2) この牛にゅうは，何年何月何日まで，おいしくのむことができますか。　（全部できて7点）

(　　　　年) (　　　　月) (　　　　日)

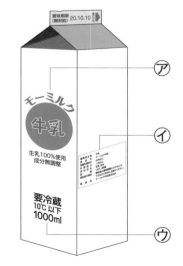

2 次の問題に答えましょう。

（1つ7点）

（1） 次の①～③のことに気をつけて買い物をするとき，右の絵の品物のどこを見ればよいですか。右の㋐～㋒からえらんで記号を書きましょう。

① （　　　）賞味期限を知りたい。

② （　　　）何でつくられているかを知りたい。

③ （　　　）ちょうどよいりょうだけほしい。

（2） 次の①～③について，売るがわのくふうについては○，買うがわのくふうには◎を書きましょう。

① （　　　）チラシでこうこくをする。

② （　　　）買いすぎないようにする。

③ （　　　）安全で安いものをそろえる。

〔おもな品しつひょうじ〕

種類別：はっ酵乳

無脂乳固形分：12.0%

乳脂肪分：2.5%

㋑—原材料名：生乳、乳製品、砂糖、
　　　　　　　食物繊維、乳たんぱく

㋒—内容量：85g

保存方法：要冷蔵（10℃以下）

賞味期限：上部に記載

製造者：モーミルク乳業株式会社

3 スーパーマーケットでの買い物について，次の問題に答えましょう。

（1つ10点）

（1） 次の①，②の文の（　）にあてはまることばを，■■■からえらんで書きましょう。

① スーパーマーケットは，いろいろな品物をいちどに買えてべんりだが，買いすぎないように，（　　　　　　　　　　）買うようにする。

②賞味期限や品しつひょうじなどをよく見て，（　　　　　　　　　　）品物を買う。

> ひつようなぶんだけ　　ほしいものは全部　　安全な

（2） 10月2日に買い物に行ったら，右の2つの牛にゅうが売られていました。おいしくのむことができる期間が長いのはどちらですか。日づけを書きましょう。

2020年（　　　月　　　日）までのもの

賞味期限
[開封前] 20.10.7

賞味期限
[開封前] 20.10.10

答え➡別冊解答6ページ

18 店を調べよう⑤

得点

100点

おぼえよう　商品を買ったあと

● おいしかったり使いやすいものを友人に教えたり，**インターネット**で発しんしたりする。

→実さいに使った人の意見をもとに，ほかの人が買うことも多くなってきている。

● 使い終わったものなどを，つくり直したり、つくりかえたりすることを**リサイクル**という。スーパーマーケットでは，リサイクルのほかにも，レジぶくろカードなどを使い，ごみをへらすくふうをしている。

エコマーク
リサイクルされたざいりょうを多く使うなど，しぜんをまもるのに役立つ品物についているマーク。

リサイクルのしくみ

● 紙パック（牛にゅうパック）のリサイクル（れい）

紙パック → リサイクルボックスで回しゅう。 → リサイクル工場 → べつのものにつくりかえる。

---

1 右の絵や図を見て，あとの問題に答えましょう。

（1つ7点）

(1) 図中の①，②にあてはまる品物の名前を，図中の絵を見て書きましょう。

(2) 使い終わったものをべつのものにつくりかえ，ふたたび使えるようにすることを何といいますか。

（　　　　　　　）

(3) 右の⑦は，何マークといいますか。

（　　　　　　　）

あるスーパーマーケットで集めた紙パックのゆくえ

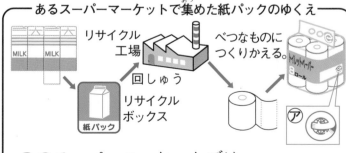

リサイクル工場　べつなものにつくりかえる。

回しゅう　リサイクルボックス　紙パック　⑦

このスーパーマーケットでは，

①（　　　　　　　　　　　）を回しゅうしています。回しゅうされた（①）は，

②（　　　　　　　　　　　）につくりかえられます。

2 ①〜⑤は，あるスーパーマーケットのリサイクルボックス（リサイクルできるものを分けて回しゅうするもの）についているマークです。次の㋐〜㋔は，①〜⑤のどのマークのついたリサイクルボックスへ入れますか。線でむすびましょう。（1つ8点）

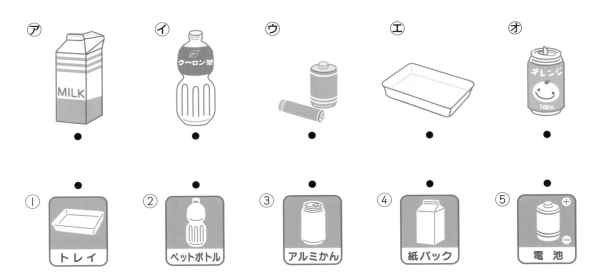

㋐　㋑　㋒　㋓　㋔

①トレイ　②ペットボトル　③アルミかん　④紙パック　⑤電池

3 次の文章を読んで，あとの問題に答えましょう。

（1つ8点）

　使い終わったものなどを，つくり直したり，つくりかえたりすることがあります。このようにすることを（　①　）といい，しぜんを守ることに役立ちます。（　①　）されたざいりょうを多く使って，しぜんを守るのに役立っている品物の中には，（　②　）というマークがついているものもあります。

(1) 文中の（①），（②）にあてはまることばを書きましょう。

①（　　　　　　　）
②（　　　　　　　）

(2) 次の１，２にあった絵を，右の㋐，㋑からえらんで，記号を書きましょう。

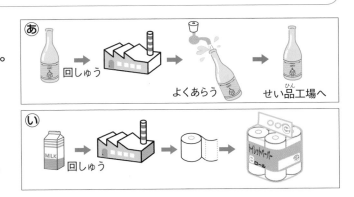

㋐　回しゅう　→　よくあらう　→　せい品工場へ

㋑　回しゅう　→　MILK　→

１　ようきを，あらってまた使えるようにする。（　　　　　）

２　回しゅうした品物を，べつな品物につくりかえる。（　　　　　）

19 店を調べよう⑥

おぼえよう　品物はどこから

産地の調べ方

産地…やさいやくだものなどが，つくられている所。

● 売り場のねふだを見る。

● 直せつ品物を見る。　● だんボール箱を見る。

やさいやくだものが運ばれてくる所

（東京都のスーパーマーケットのれい）

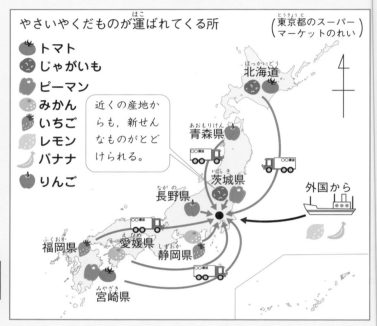

- トマト
- じゃがいも
- ピーマン
- みかん
- いちご
- レモン
- バナナ
- りんご

近くの産地からも，新せんなものがとどけられる。

北海道
青森県
茨城県
長野県
愛媛県
静岡県
福岡県
宮崎県

外国から

---

1 次の問題に答えましょう。

（1つ10点）

(1) 右の絵の中で，青森県が産地の品物の名前を書きましょう。

　　（　　　　　　　）

(2) 右の絵の中で，じゃがいもの産地はどこですか。（ひらがなで書いてもよい。）

　　（　　　　　県）

(3) 次の⑦〜⑰の文のうち，品物の産地の調べ方として，まちがっているものを1つえらんで，記号を書きましょう。　（　　）

　⑦　品物を買ったあとのレシートを見る。

　⑦　品物が入っているだんボール箱を見る。

　⑰　売り場で，品物のねふだを見る。

2 右の地図は，東京都の，あるスーパーマーケットへ，やさいやくだものがどこから運ばれてくるのかをあらわしています。これを見て，あとの問題に答えましょう。

（1つ5点）

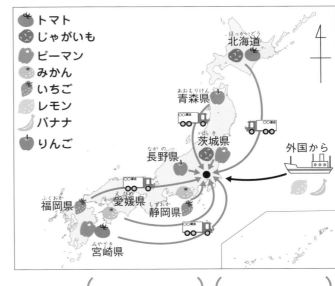

(1) ①～③の産地を書きましょう。
（ひらがなで書いてもよい。）

①りんご　（　　　　　　県）
　　　　　（　　　　　　県）
②ピーマン（　　　　　　県）
　　　　　（　　　　　　県）
③いちご　（　　　　　　県）
　　　　　（　　　　　　県）

(2) 外国から運ばれてくる品物の名前を2つ書きましょう。

（　　　　　　）（　　　　　　）

---

3 右の地図は，大阪府の，あるスーパーマーケットへ，やさいやくだものがどこから運ばれてくるかをあらわしています。これを見て，あとの問題に答えましょう。

（(1)はひらがなで書いてもよい。）

（1つ10点）

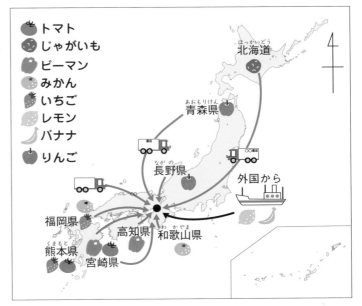

(1) みかんは福岡県のほかに，どこから運ばれてきますか。

（　　　　　　県）

(2) 高知県と宮崎県の両方から運ばれてくる品物は何ですか。

（　　　　　　）

(3) この地図から読みとれることとして正しい文になるように，（　）にあてはまることばを書きましょう。

　お店で売られるやさいやくだものは，日本中のいろいろな産地から運ばれてくる。また，日本でつくられたものだけでなく，（　　　　　　）でつくられて運ばれてくるものもある。

20 店を調べよう⑦

得点

100点

おぼえよう　いろいろな店

買い物に行く店

● 近所の店（やおやなど）
→歩いて行ける。お店の人と話をしながら買える。

● 商店がい
→いろいろな店があり，多くのしゅるいの品物を買える。

● コンビニエンスストア
→長時間あいているので，いつでもひつようなものを買える。

● いどうはんばい車
→産地でとれたものなどを車で売りに来る。

家から出ずにできる買い物

● インターネットで買い物
→コンピューターなどを使って，品物を注文すると，家にとどけてくれる。

● 品物を配達する会社
→あらかじめ品物をたのんでおくと，家にとどけてくれる。

▲品物を配達する車

1 次の①〜③の絵や文にあう店や場所などの名前を，□□□からえらんで書きましょう。

（1つ8点）

①
②
③

① 長時間あいている。　　　　　（　　　　　　　　　　）
② いろいろな店が集まっている。（　　　　　　　　　　）
③ 車で品物を売りに来る。　　　（　　　　　　　　　　）

商店がい　　インターネット　　いどうはんばい車　　コンビニエンスストア

2 右の図や絵を見て，あとの問題に答えましょう。

（1つ7点）

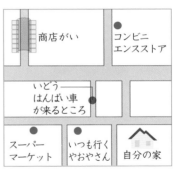

(1) 次の①〜③の買い物をした場所を，地図中から
さがして名前を書きましょう。（1回しか使えません。）

① 長時間あいているので，夜おそくに買い物が
できた。　（　　　　　　　　　　）

② お店がたくさんあり，いろいろなものを買っ
た。　（　　　　　　　　　　）

③ 自動車で行ったら，50台分のちゅう車場が
あった。　（　　　　　　　　　　）

(2) 右の絵の車の名前を書きましょう。

（　　　　　　　　　　）

▲産地でとれたものなどを車で売
りに来る。

3 次の絵を見て，あとの問題に答えましょう。

（1つ8点）

品物を配達
する車

(1) 次の①，②の文にあう店や場所を，⑦〜⑰からえらんで，記号を書きま
しょう。また，その店や場所の名前も書きましょう。

① すぐに食べられる物も多く，長時間あいているのでべんり。

記号（　　　）　名前（　　　　　　　　　　　）

② たくさんの店が集まっていて，いろいろなものをまとめて買える。

記号（　　　）　名前（　　　　　　　　　　　）

(2) 家から出なくても買い物ができるものを，上の⑦〜⑰から2つえらんで，
記号を書きましょう。　（　　　）（　　　）

答え➡別冊解答7ページ

21 農家の仕事①

得点

100点

おぼえよう　農家の仕事を調べよう

農家の仕事
- 米・やさい・くだものなどの農作物をつくる。

農家の仕事を調べる

見てくること	・田や畑の広さやようす。 ・はたらいている人のようす。 ・使っているきかいや道具について。
聞いてくること	・農作物のしゅるいとつくり方。 ・農作物をつくる時期。 ・仕事でくふうしていること。 ・とり入れる農作物のりょう。 ・農作物の送り先やゆ送の方ほう。 ・農家の人の苦ろうやうれしいこと。

▲やさい (レタス) づくりのようす

▲くだもの (もも) の出荷のようす

1 次の問題に答えましょう。

（1つ7点）

(1) 農家の仕事について，次の文の①，②にあてはまることばを，　　　　からえらんで書きましょう。

> 米・①（　　　　　　　　）・くだものなどの農作物を
> ②（　　　　　　　）こと。

おかし　　やさい　　きかい　　つくる　　組み立てる

(2) 次の①〜④のうち，農家の仕事のようすを2つえらんで，（　）に○を書きましょう。

（　　）　　　　（　　）　　　　（　　）　　　　（　　）

2 次の①～③は，何をつくっているようすですか。 ▰▰▰からえらんで書きましょう。

（1つ8点）

① (　　　　　　)

② (　　　　　　)

③ (　　　　　　)

> くだもの　　米　　花　　やさい

3 右は，はるきさんがたてた農家の見学の計画です。①～⑥にあてはまることばを，▰▰▰からえらんで書きましょう。（1つのことばは一度(いちど)しか使(つか)えません。）

（1つ8点）

① (　　　　　　　　　　)
② (　　　　　　　　　　)
③ (　　　　　　　　　　)
④ (　　　　　　　　　　)
⑤ (　　　　　　　　　　)
⑥ (　　　　　　　　　　)

> 送(おく)り先　　りょう　　広さ
> はたらいている人　　苦(く)ろう　　きかい

キャベツづくり農家の見学　（木下はるき）
1．見学に行く日　　　5月4日
2．見学に行く所(ところ)　　　山本さんの畑(はたけ)
3．見てくること
・畑の（ ① ）やようす。
・畑で（ ② ）のようす。
・使(つか)っている（ ③ ）や道具(どうぐ)。
4．聞いてくること
・農作物をつくる時期(じき)。
・仕事でくふうしていること。
・どのくらいの（ ④ ）の農作物がとれるのか。
・農作物の（ ⑤ ）やゆ送の方ほう。
・農家の人の（ ⑥ ）やうれしいこと。

22 農家の仕事②

おぼえよう　キャベツづくり

キャベツづくりで大切なこと

- たいひなどをやって，よい土をつくっている。
  └→牛やぶたのふんとわらをまぜてつくったひりょう。
- あまみを出すため，日光によく当てている。
- なえを畑(はたけ)にうつすときは，水をたっぷりやっている。

▶うねをつくるようす

キャベツづくりのくふう

- ビニールハウスでなえを育(そだ)てる…雨や風をふせげる。
- 畑にうねをつくってなえを植える…風通しや水はけがよくなる。
  └→畑の土をもりあげたところ。
- 農薬(のうやく)を使(つか)う…虫(むし)や病気(びょうき)をふせげる。使う回数をできるだけ少なくする。
- いろいろなきかいを使う…少ない人，短(みじか)い時間で作業(さぎょう)ができる。お金がかかるのがなやみ。

▶農薬をまくようす

ある地いきのキャベツづくりの1年間の仕事(しごと)

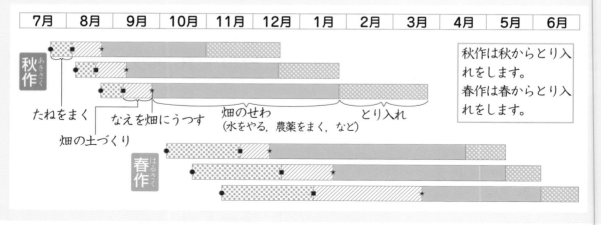

| 7月 | 8月 | 9月 | 10月 | 11月 | 12月 | 1月 | 2月 | 3月 | 4月 | 5月 | 6月 |

秋(あき)作(さく)

たねをまく　　なえを畑にうつす　　畑のせわ（水をやる，農薬をまく，など）　　とり入れ

畑の土づくり

秋作は秋からとり入れをします。
春作は春からとり入れをします。

春(はる)作(さく)

---

1 次の①〜③の文は，キャベツづくりについて書かれたものです。（　）にあてはまることばを，　　からえらんで書きましょう。　　（1つ8点）

① たいひなどをやって，（　　　　　　　　　　）をつくる。

② キャベツに（　　　　　　　　　　）をよく当てるのは，あまみを出しておいしいキャベツにするためである。

③ なえを畑(はたけ)にうつすときは，（　　　　　　　　　　）をたっぷりやっている。

| 日光 | 農薬(のうやく) | よい土 | 水 |

② キャベツづくりの仕事について，次の図を見て，あとの問題に答えましょう。

（1つ7点）

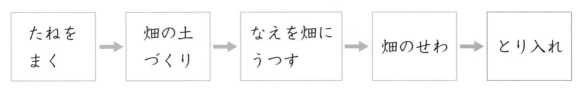

| たねを
まく | → | 畑の土
づくり | → | なえを畑に
うつす | → | 畑のせわ | → | とり入れ |

(1) 次の①〜③の答えを，＿＿＿からえらんで書きましょう。

① たねをまいて，なえを育てる場所はどこですか。（　　　　　）

② よい土をつくるのに使うものは何ですか。　（　　　　　）

③ なえを植える，畑の土をもりあげたところを何といいますか。

（　　　　　）

うね　　田　　たいひ　　日光　　ビニールハウス

(2) キャベツを1年に2回つくる地いきで，秋にたねをまき，次の年の春からとり入れをするのは，秋作，春作のどちらですか。　（　　　　　）

③ キャベツづくりのくふうについて，次の問題に答えましょう。

（1つ8点）

(1) 次の①〜④のようなくふうをするのは何のためですか。＿＿＿からえらんで書きましょう。

① ビニールハウスでなえを育てる。　（　　　　　）

② 畑にうねをつくってなえを植える。（　　　　　）

③ いろいろなきかいを使う。　　　　（　　　　　）

④ 農薬を使う。　　　　　　　　　　（　　　　　）

虫がつかないようにするため。　　　雨や風をふせぐため。

風通しや水はけをよくするため。　　短い時間で作業をするため。

(2) 次の文の（　）にあてはまることばを，＿＿＿からえらんで書きましょう。

① 農薬を使う回数は，できるだけ（　　　　　）している。

② きかいはべんりだが，（　　　　　）のがなやみ。

多く　　少なく　　お金がかかる　　人手がかかる

答え➡別冊解答8ページ

23 農家の仕事③

得点

100点

おぼえよう　ほうれんそうづくり

ほうれんそうづくり（ある地いきのれい）
- 米づくりが終わったあとの水田を畑にたがやして，冬の間に何回もつくる。

ほうれんそうを冬につくるわけ
- 虫がつきにくく，病気にもなりにくい。
- 雨が少ないので，水に弱いほうれんそうにてきしている。
- 冬につくると，葉があつくてあまく，おいしい。

ほうれんそうづくりのくふう
- 時期をずらして，たねを何回かに分けてまく…冬の間じゅう，しゅうかくできる。
- たねまきの前に，たねをひとばん水につける…めが出やすくなる。
- 土づくりが大切…貝がらなどを原りょうにした，安全なひりょうを使う。
- 畑にうねをつくってたねをまく…風通しや水はけがよくなる。

▲たねまきのようす

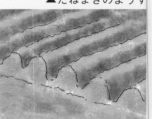

▲畑のうね

ある地いきのほうれんそうづくりの仕事

10月	11月	12月	1月	2月

- 土をたがやして，畑をつくる。
- 何回かに分けて，たねをまく。
- たねをまいて，20日ほどで葉が出る。
- 葉が15〜20cmくらいになったら，とり入れをする。とり入れは，いちばんおいしいときにする。

---

1 次の①〜③の文は，ほうれんそうを冬につくるりゆうです。（　）にあてはまることばを，◻◻◻からえらんで書きましょう。　　（1つ8点）

① 冬は（　　　　　　）がつきにくく，病気にもなりにくいから。

② ほうれんそうは（　　　　　　）に弱いので，雨が少ない冬がよいから。

③ 冬につくると，葉があつくてあまく，（　　　　　　　　　）から。

| 土 | おいしい | 虫 | 日光 | 水 |

2 ある地いきのほうれんそうづくりの仕事(しごと)について，次の図を見て，あとの問題(もんだい)に答えましょう。

（1つ8点）

10月	11月	12月	1月	2月

・土をたがやして，畑(はたけ)をつくる。

・②□□□が15〜20cmくらいになったら，③□□□をする。

・何回かに分けて，①□□□をまく。

・①□□□をまいて，20日ほどで②□□□が出る。

(1) ①〜③の□□□にあてはまることばを，　　　からえらんで書きましょう。

①（　　　　　　　） ②（　　　　　　　） ③（　　　　　　　）

> たね　　いねかり　　とり入れ　　花　　葉(は)

(2) ある地いきのほうれんそうづくりについて，次の文の㋐，㋑にあてはまることばを，　　　からえらんで書きましょう。

㋐（　　　　　　　　　　　）の終(お)わったあとの水田をたがやして，
㋑（　　　　　　　　　　）の間に何回もつくる。

> キャベツづくり　　米づくり　　夏　　冬

3 ほうれんそうづくりで，次の①〜④のようなくふうをするのはなぜですか。
　　　からえらんで書きましょう。

（1つ9点）

① 土づくりに貝がらなどを原(げん)りょうにしたひりょうを使(つか)う。

（　　　　　　　　　　　　　　　　　　　　　　　　　　）

② たねを何回かに分けてまく。

（　　　　　　　　　　　　　　　　　　　　　　　　　　）

③ 畑にうねをつくってたねをまく。

（　　　　　　　　　　　　　　　　　　　　　　　　　　）

④ 葉が15〜20cmになったら，とり入れをする。

（　　　　　　　　　　　　　　　　　　　　　　　　　　）

> 風通しや水はけがよくなるから。　　冬の間いつでもしゅうかくできるから。
> 安全(あんぜん)せいが高まるから。　　ほうれんそうがいちばんおいしいときだから。

24

農家の仕事④

答え➡別冊解答8ページ

得点

100点

おぼえよう 京せりづくり

京せりづくり（ある地いきのれい）

- きれいな水をたっぷりとはった**せり田**でつくる。
  ➡ 水のきれいなところに育つので，水のかんりが大切。
- とり入れまでの時間が短く，せまい田でも，何回もたくさんとれる。
- とり入れは10月から3月の**冬**に行う。
- ほとんど水につかりながらの仕事でたいへん。

京せりづくりのくふう

- なえ場でかりとったせりにむしろをかける…新しいめが出てなえになる。
- なえを9月〜10月にかけて，時期をずらして植える…10月から3月にかけて，いつでもとり入れができる。
- とり入れは手作業でする…根がいたまない。

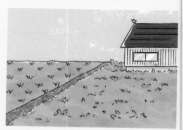
▲せり田でつくられるせり

▲せりのとり入れのようす

ある地いきの京せりづくりの仕事

4月	5月	6月	7月	8月	9月	10月	11月	12月	1月	2月	3月

●なえ場で育てる。
●なえ場のせりをかりとる。
●せり田になえを植える。
●せりをとり入れる。

---

1 次の①〜③の文は，ある地いきの京せりづくりについて書かれたものです。（　）にあてはまることばを，　　　からえらんで書きましょう。　　（1つ10点）

① 京せりは，きれいな（　　　　　　）をたっぷりはったせり田でつくる。

② とり入れのきせつは（　　　　　　）である。

③ せまい田でも，何回も（　　　　　　）ができる。

とり入れ　　水　　農薬　　夏　　冬

2

ある地いきの京せりづくりの仕事（しごと）について，次の図を見て，あとの問題（もんだい）に答えましょう。

（1つ10点）

4月	5月	6月	7月	8月	9月	10月	11月	12月	1月	2月	3月

●なえ場で育（そだ）てる。 ⟶

●なえ場のせりをかりとる。 ⟶

●せり田に① [　　　] を植える。 ⟶

●せりを② [　　　] 。 ⟶

(1)　①，②の [　　] にあてはまることばを，　　　　からえらんで書きましょう。

　　なえ　　たね　　たおす　　とり入れる

　　　　　① (　　　　　　　　　　)
　　　　　② (　　　　　　　　　　)

(2)　京せりのなえを植えるときには，時期（じき）をずらします。それはなぜですか。
（　）にあてはまることばを，　　　　からえらんで書きましょう。

　[　10月から3月にかけて，
　　(　　　　　　　　　　　　)から。]

　とり入れが一度（いちど）ですむ　　いつでもとり入れができる

3

京せりづくりについて，次の問題に答えましょう。

（(1)は1つ15点，(2)は1つ10点）

(1)　次の①，②のようなことをするのはなぜですか。　　　　からえらんで書きましょう。

①　とり入れを手作業（てさぎょう）でする。　(　　　　　　　　　　　)
②　水のかんりをしっかり行う。　(　　　　　　　　　　　)

　京せりはきれいな水でしか育たないから。
　根（ね）をいためないため。　　雨や風をふせぐため。

(2)　京せりをとり入れるときのくろうについて，次の文の（　）にあてはまることばを書きましょう。

　[　冬の寒（さむ）いときに，つめたい (　　　　　　　　) につかりながらするので，とてもたいへんな仕事である。]

25 農家の仕事⑤

答え➡別冊解答9ページ

得点

100点

おぼえよう　やさいがとどくまで

より新せんで，よりおいしいやさいをとどけるためのくふう

● キャベツのとり入れ…**朝早く**にとり入れる。キャベツをほうちょうで1回で切りとる。

● ほうれんそうのとり入れ…**出荷の前の日**にとり入れ，きかいでたばねる。
　→水分がへってあまくなる

● 京せりのとり入れ…**朝**にとり入れる。その日のうちにふくろにつめて出荷する。出荷まで，れいぞう庫に入れておく。

やさいがわたしたちの家にとどくまで

①やさいを農家が出荷する。

②農業協同組合（JA）や中央市場にとどく。

③中央市場から，スーパーマーケットなどの店に送られる。また，ほかの市やまちにも送られる。

④農家から直せつスーパーマーケットや店に送られるものもある。

<u>地産地消</u>…地元でつくったものを地元で食べる。
　→送る手まやひ用があまりかからないので安くできる。新せんでおいしい。

・地元の学校きゅう食に使う。

・地元の直売所ではん売する。

・地元のスーパーマーケットや店で売る。

・地元に近い市やまちへ送る。

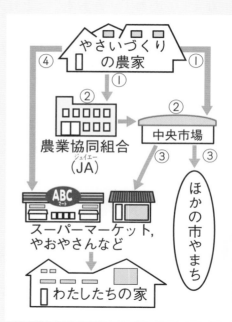

---

1 次の①〜③は，どんなやさいのとり入れや出荷のようすですか。　　　からえらんで書きましょう。

（1つ10点）

① 出荷の前の日にとり入れ，きかいでたばねる。　（　　　　　　）

② 朝にとり入れる。ふくろにつめて，出荷までれいぞう庫に入れておく。
　（　　　　　　）

③ 朝早くにとり入れる。ほうちょうで1回で切りとる。
　（　　　　　　）

京せり　　キャベツ　　ほうれんそう

2 やさいがわたしたちの家にとどくまでをあらわした次の図を見て，あとの問題に答えましょう。 （1つ10点）

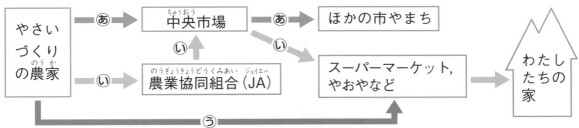

（1） 次の文にあてはまるものを，図中のあ～うからえらんで，記号を書きましょう。 （　　　）

> 朝早くに，地元でとれたばかりのやさいが，その日の朝に直せつとどけられお店にならぶので，新せんでおいしいやさいが買える。

（2） 地産地消のよいところについて，次の文の㋐，㋑にあてはまることばを，◻️◻️からえらんで書きましょう。

㋐（　　　　　　）でつくったものをその日に食べるので，新せんでおいしいです。また，運送ひがあまりかからないので㋑（　　　　　　）売ることができます。

> 高く
> 安く
> 地元

3 やさいのとり入れや出荷のようすについて，次の問題に答えましょう。

（1つ10点）

（1） やさいのとり入れや出荷のようすについて，（　）にあてはまることばを，◻️◻️からえらんで書きましょう。

① ほうれんそうのとり入れは，（　　　　　　　　）にする。

② キャベツのとり入れは，（　　　　　　　　）にする。

③ とり入れた京せりは，出荷まで（　　　　　　）に入れておく。

> れいぞう庫　　出荷の前の日　　朝早く

（2） やさいによってとり入れや出荷のしかたが決まっているのはなぜですか。（　）にあてはまることばを，◻️◻️からえらんで書きましょう。

> （　　　　　　　　）やさい
> をお店などにとどけるため。

> ねだんの高い　　新せんでおいしい

26 工場での仕事①

得点

100点

おぼえよう　工場を調べよう

工場

- 工場とは，きかいや道具を使って，ものをつくったり，なおしたりする所。

工場と地いきのつながり

- いろいろな地いきからはたらきに来て，わたしたちの生活をささえている。

▲かまぼこ工場のようす

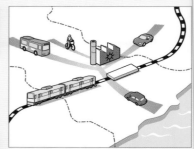
▲はたらく人はどこから

工場見学に行く

見てくること	・どんなきかいや，道具を使っているのか。 ・どんなじゅんじょでつくっているのか。
聞いてくること	・はたらいている人は，どんな仕事をしているのか。 ・１日につくるりょう。　　・はたらいている人の数。 ・くふうしていること。　　・気をつけていること。 ・原りょうは何か。どこからくるのか。 ・できたものは，どのようにしてどこへ送られるのか。

1 工場について，次の問題に答えましょう。

（1つ5点）

(1) 次の⑦，⑦にあてはまるものを，　　　　からえらんで書きましょう。

工場では，⑦（　　　　　）や道具を使って，ものをつくったり，なおしたりしています。そこではたらく人は，いろいろな⑦（　　　　　）から来ています。

地いき

きかい

(2) 次の①〜③の工場でつくられているせい品を，　　　　からえらんで書きましょう。

①　きかいをつくる工場　　　　（　　　　　）

②　食べ物をつくる工場　　　　（　　　　　）

③　せんいせい品をつくる工場　（　　　　　）

かまぼこ

タオル

テレビ

2 次の①～③は，何をつくっているようすですか。 ▨▨▨からえらんで書きましょう。

（1つ5点）

①（　　　　　）　②（　　　　　）　③（　　　　　）

> 食べ物　服（ふく）　自動車（じどうしゃ）

3 右は，あかりさんがたてたパン工場の見学の計画です。①～⑥にあてはまることばを，▨▨▨からえらんで書きましょう。

（1つ10点）

①（　　　　　）

②（　　　　　）

③（　　　　　）

④（　　　　　）

⑤（　　　　　）

⑥（　　　　　）

> きかい　　仕入れ先（しいれさき）　　送り先（おくりさき）　　りょう
>
> しゅるい　　仕事（しごと）　　じゅんじょ　　メモ
>
> 原りょう（げんりょう）　　じゃま

パン工場の見学	（小山あかり）
1．見学に行く日	6月12日
2．見学する工場	山本パン
3．見てくること	4．聞いてくること
・どんな（①）や道具（どうぐ）を使（つか）っているのか。 ・パンができあがるまでの（②）。	・（③）はどこからくるのか。 ・1日にどのくらいパンをつくっているか。 ・はたらいている人の（④）のしかた。 ・できあがったパンの（⑤）はどこか。
●見学するときに気をつけること	
・大きな声でさわがないようにする。 ・はたらいている人の（⑥）をしないようにする。	

27 工場での仕事②

得点

100点

おぼえよう　食べ物をつくる工場のようす(1)

工場のようす（あるかまぼこ工場のれい）

- **工場について** ・せいけつな工場だった。
- **きかいについて** ・大きなきかいがたくさんあった。
  - ・いろいろなきかいが，一つにつながっていた。
- **つくられるようす** ・かまぼこは，すごい速さでつくられていた。
  - ・かまぼこやちくわなど，たくさんの品物をつくっている。
  - ・1日に，およそ2万kgの品物をつくっている。

▲かまぼこ工場のようす

▲工場に入る前に消どくえきで長ぐつをあらう。

工場でとくに気をつけていること

- 食べ物をつくっているので，せいけつにしている。

工場ではたらいている人のようす

- **けんさをする人**
  安心して食べてもらえるように，かまぼこの色や形が正しくできているか調べる。

- **じむ室ではたらく人**
  かまぼこは，月によって売れる数がちがい，あまりほぞんができないので，つくるりょうを決めている。

- **研究室ではたらく人**
  よりおいしいかまぼこをつくるために，かまぼこや原りょうの研究をしている。

- **はたらく人の数**
  ふだんはおよそ150人。いそがしいときは人がふえる。

- **はたらく時間**
  仕事によってちがう。いそがしいときは，交代で夜もはたらいている。

1

次の①〜④の絵の中で，かまぼこ工場のものを2つえらんで，（　）に○を書きましょう。

（1つ10点）

① （　　）　② （　　）　③ （　　）　④ （　　）

2 かまぼこ工場の仕事について，次の問題に答えましょう。

（1つ13点）

（1）次の①，②の仕事をしている人を，　　　　からえらんで書きましょう。

①　よりおいしいかまぼこをつくるためにはたらいている。

（　　　　　　　　　　　　　　）

②　安心して食べてもらえるように，色や形などの小さなちがいを人の目でみつけている。　（　　　　　　　　　　　　　）

けんさをする人　　研究室ではたらく人

（2）右の絵は，何をしているところですか。（　）にあてはまることばを，　　　　からえらんで書きましょう。

［
せいけつにするために，
（　　　　　　　　　　　）で
長ぐつをあらっているところ。
］

消どくえき　　すべりどめの薬

（3）（2）のようにせいけつにしているりゆうを，　　　　からえらんで書きましょう。
（　　　　　　　　　　　　　　　　　　）

きかいをつくっているから。　　けんさをしているから。
食べ物をつくっているから。

3 あるかまぼこ工場について，次の文章の①，②にあてはまることばを，　　　　からえらんで書きましょう。

（1つ14点）

［
　かまぼこ工場は，食べ物をつくっているので，①（　　　　　　　）にしている。工場には，かまぼこをつくる人のほか，けんさをする人，じむ室や研究室ではたらく人たちがいる。また，工場ではたらく時間帯は，仕事によってちがう。いそがしいときは，かまぼこ工場は，はたらく人が交代しながら，②（　　　　　　　）動きつづけている。
］

せいけつ　　昼だけ　　夜だけ　　昼も夜も

28 工場での仕事③

おぼえよう　食べ物をつくる工場のようす(2)

工場のようす

（クッキーの間にクリームをはさんだおかしをつくる工場のれい）

● おかしのつくり方

①小麦こでクッキーをつくる。

②クッキーにクリームをはさむ。

③きかいでほうそうする。

④きかいでけんさする。

⑤手でかんにつめる。

→ きかいと人が**仕事を分たんして**行っている。

小麦こをねったものを，「かた」に流してやく。

▲クッキーをつくる。

クッキーにクリームをぬり，1まい1まい手ではり合わせる。

▲クッキーの間にクリームをはさむ。

工場ではたらく人が気をつけていること

● いつも同じおいしさが出せるように，**原りょうを正かくにはかっている。**

● こわれやすいので，**ていねいにやさしくあつかっている。**

● 食べ物をつくる工場なので，**せいけつにしている。**

せいけつにするためのくふう

● せいけつな服とぼうしを身につける。

● 手をきれいにあらう。

● 服のほこりをとる。

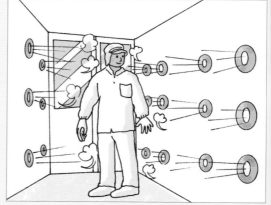

▲エアーシャワー（空気がふき出すそうち）で服のほこりをとる。

---

1 次の①〜③は，おかし工場ではたらく人が，せいけつにするためのくふうです。（　）にあてはまることばを，　　　　からえらんで書きましょう。　　　　（1つ10点）

① せいけつな（　　　　　　　　　）を身につける。

② きれいに（　　　　　　　）をあらう。

③ （　　　　　　　　　　　　）で，服のほこりをとる。

> エアーシャワー　　服とぼうし　　手

2 おかし工場ではたらく人は，右の絵のようなことをしています。これは，何をしているようすですか。次の文章の①，②にあてはまることばを，　　　からえらんで書きましょう。

（1つ15点）

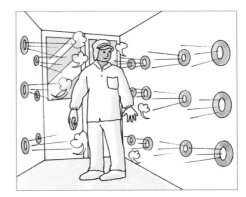

> おかし工場は，食べ物をつくる工場なので，せいけつにしている。
>
> 工場の中に入る前には，
> ① （　　　　　　　　　　　） で，服に
> ついている② （　　　　　　　　　）
> をとる。

| しみ　　におい　　ほこり　　エアーシャワー　　エアコン |

3 次のおかし工場ではたらく人の話を読んで，あとの問題に答えましょう。

（1つ20点）

> 　長い間，おかしをつくっているので，あいつも同じおいしさでつくりあげることに，何よりも気をつかっています。また，いおかしをやさしくあつかうことにも気をつけています。
> 　それから，せいけつにすることに特に気をつけています。

(1) ＿＿＿部あのためにしているくふうを，　　　からえらんで書きましょう。

（　　　　　　　　　　　　　　　　　）

| 原りょうのしゅるいを毎日かえる。　　原りょうを正かくにはかる。 |

(2) ＿＿＿部いのりゆうを，　　　からえらんで書きましょう。

（　　　　　　　　　　　　　　　　　）

| おかしはきたないから。　　おかしはこわれやすいから。
おかしはとても重いから。 |

29 工場での仕事④

おぼえよう　みぢかな物をつくり出す工場のようす

学生服をつくる工場（ある工場のれい）

- いろいろなサイズの学生服をつくっている。
- コンピューターを使ってデザインを決めたり，きかいで自動てきに生地を切ったりする。
- いろいろなミシンを使ってぬっている。

くふうや気をつけていること

- 生地にむだが出ないようにしている。
- ていねいにぬい合わせている。
- 注文を受けた学生服を，かならず入学式にまにあうようにつくっている。

▲学生服をつくる工場のようす

おりもの工場（ある工場のれい）

- さまざまな糸をつくり，それを使っておりものをおっている。
- おりものづくりでは，でんとうてきなぎじゅつによって，手でつくる場合と，きかいを使ってつくる場合がある。
  - →たくさんの糸をつくるときなどは，きかいを使い，ぬのをおるときは，手で作業している。

▲おりものせい品

気をつけていること

- ぬのをおるときは，使う糸をまちがえないようにしている。

▲おりもの工場のようす　　▲手でぬのをおる

1

次の①～④で，学生服をつくる工場のものには㋐を，おりもの工場のものには㋑を，（　）に書きましょう。（どちらにもあてはまらないものもあります。）　（1つ10点）

① （　　）

② （　　）

③ （　　）

④ （　　）

2 次の①〜④の文にあてはまる工場を， [___] からえらんで書きましょう。

(1つ8点)

① いろいろなミシンを使っている。 （　　　　　　　）

② さまざまな糸をつくり，それをおってつくる。

（　　　　　　　）

③ でんとうてきなぎじゅつによって手でつくる場合と，きかいを使って
つくる場合がある。 （　　　　　　　）

④ コンピューターを使って，デザインを決めたり，きかいで自動てきに
生地を切ったりしている。 （　　　　　　　）

学生服をつくる工場　　おりもの工場

3 次の問題に答えましょう。

(1つ8点)

(1) 次の文章の①〜④にあてはまることばを， [___] からえらんで書きま
しょう。（同じことばを二度使ってはいけません。）

学生服をつくる工場では，いろいろな①（　　　　　　　）
を使って，学生服をぬっている。 ②（　　　　　　　）にむだが
でないようにくふうしたり，ていねいにぬうように気をつけている。
　おりもの工場では，さまざまな色の③（　　　　　　　）をつく
り，それを使っておりものをおっている。でんとうてきなぎじゅつを
生かしてぬのをおるときは，④（　　　　　　　）で作業し，使う
糸をまちがえないようにしている。

手　　糸　　ミシン　　生地　　コンピューター

(2) 次の⑦〜⑤から，でんとうてきなぎじゅつを使った工場で，おもに手で
つくられているものを2つえらんで，（　）に○を書きましょう。

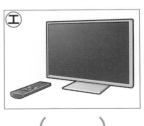

（　　　）　　　　（　　　）　　　　（　　　）　　　　（　　　）

30 工場での仕事⑤

得点

100点

おぼえよう　せい品の原りょうととどけ先

工場でつくられるせい品は，わたしたちの国のいろいろなまちだけでなく，外国ともつながりがある。

かまぼこの原りょうととどけ先

● **かまぼこの原りょう**

・多くのかまぼこをつくるには，原りょうである魚の**すり身**がたくさんひつようになる。
　➡外国かられいとうして運ばれてくるものが多い。

・すり身は，いろいろな魚の肉が原りょうになっている。
　➡工場では，よいすり身を手に入れるようにしている。

● **かまぼこのとどけ先**

・近くのまちだけでなく，遠くの大きなまちや外国にもとどけられている。

▲すり身のとどき方

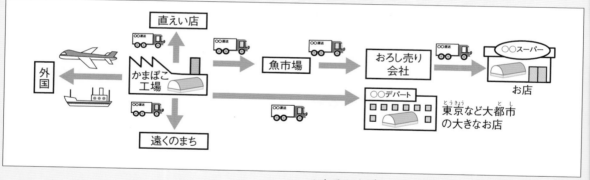

▲あるかまぼこ工場でつくられたかまぼこのとどけ先

1 次の①，②は，かまぼこの原りょうについて書かれた文です。（　）にあてはまることばを，　　　　からえらんで書きましょう。　　　　（1つ15点）

① かまぼこの原りょうは，（　　　　　　　　）である。

② かまぼこの原りょうは，（　　　　　　　　）かられいとうして運ばれてくるものが多い。

魚のさし身　　魚のすり身　　外国

2 右の図を見て，あとの問題に答えましょう。

（1つ15点）

(1) この図は，何が運ばれるようすですか。 □□□□ からえらんで書きましょう。

(　　　　　　　　　　　　　　)

> かまぼこ 　　　 かまぼこの原りょう

(2) 図を見てわかることを， □□□□ からえらんで書きましょう。

(　　　　　　　　　　　　　　　　　　)

> 原りょうは，いろいろな国から運ばれてくる。
>
> 原りょうは，日本の国のものしか使われない。

3 できたかまぼこのとどけ先について，次の図を見て問題に答えましょう。

（1つ20点）

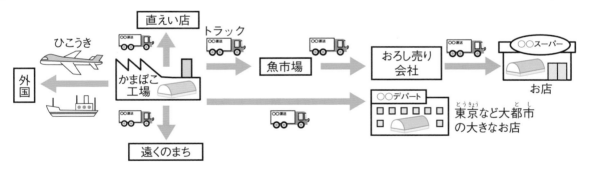

(1) できたかまぼこを，遠くのまちや市場に運ぶには，何を使っていますか。図中から1つえらんで書きましょう。　　　　　　　　(　　　　　　　)

(2) 上の図を見てわかることを， □□□□ からえらんで書きましょう。

(　　　　　　　　　　　　　　　　　　　　　　　　)

> かまぼこは，すべて近くのまちや，直えい店に送られる。
>
> かまぼこは，工場でしか買うことはできない。
>
> かまぼこは，外国へも送られている。

31 たんげんのまとめ

答え➡別冊解答10ページ

得点

100点

1 次のお客さんのねがいと，ねがいをかなえるためのスーパーマーケットの特ちょうやくふうをむすびましょう。　　　　　　　　　　　　　　　　（1つ5点）

① お店まで遠いので車で買いに行きたい。・　　　　・⑦売場の通路が広い。

② 赤ちゃんをつれて買い物したい。　　　　・　　　・⑦見やすいところに
　　　　　　　　　　　　　　　　　　　　　　　　　あん内がある。

③ さがしているものをすぐに見つけたい。・　　　・⑦大きなちゅう車場
　　　　　　　　　　　　　　　　　　　　　　　　　がある。

④ 安全なものを食べたい。　　　　　　　・　　　・⑨つくった人のじょ
　　　　　　　　　　　　　　　　　　　　　　　　　うほうがわかる。

2 次の問題に答えましょう。　　　　　　　　　　　　　　　　　　（1つ4点）

(1) 買い物をするときに気をつけることとして，正しいものには○，まちがっ
　　ているものには×を，（　）に書きましょう。

　① （　　　　）新せんなものや，おいしく食べられるきげんなどをたしかめて買う。

　② （　　　　）安ければ，安全かどうかわからなくても買う。

　③ （　　　　）ちょうどよいりょうだけ買うようにする。

(2) お店の入り口などには，使い終わった紙
　　パックやあきかんを回しゅうする箱がありま
　　す。あきかんはとかされて新しいせい品にな
　　ります。このように使い終わったものをしげ
　　んにもどして，せい品をつくることをなんと
　　いいますか。カタカナで書きましょう。　　　　　　　　（　　　　　　　　）

(3) 次の文の（　）にあてはまることばを，　　　からえらんで書きましょう。

　┌　スーパーマーケットのやさいやくだものには，遠くの地いきや，　┐
　│　（　　　　　　）から送られてくるものがたくさんある。　　　　│
　└　　　　　　　　　　　　　　　　　　　　　　　　　　　　　　　┘

　学校　　外国　　商店がい

3 農家の仕事について，次の問題に答えましょう。

（1つ5点）

（1） 農家の仕事は，つくる農作物によってちがいますが，やさいづくりはおおよそ次のようなじゅんじょで行われます。①〜③にあてはまることばを，　　　　からえらんで，書きましょう。

①
（　　　　）

たねまき

②
そだ
を育てる

畑のせわ

③
（　　　　）

土づくり　　とり入れ　　なえ

（2） 次の⑦〜⑦から，やさいづくりのくふうにあてはまるものを3つえらんで，記号を書きましょう。　　　　（　　　）（　　　）（　　　）

⑦ 農薬は，できるだけ少なく使うようにしている。

⑦ きかいを使うと，作業に多くの人がひつようになる。

⑦ ひりょうは，安全なものを使うようにしている。

⑦ やさいは，1年に1回とり入れをしている。

⑦ やさいによって，たねまきからとり入れまでの時期をかえている。

4 食べ物をつくる工場の仕事について，次の問題に答えましょう。

（1つ6点）

（1） 次の文の（　）にあてはまることばを，　　　　からえらんで書きましょう。
　［ 食べ物をつくる工場では，いつも（　　　　　　）にしている。］

しずか　　せいけつ

（2） 食べ物をつくる工場について，正しいものには○，まちがっているものは×を，（　）に書きましょう。

① （　　　）原りょうには，外国から送られてきているものもある。

② （　　　）どの工場でも，すべて人の手でつくられている。

③ （　　　）いつも同じ味になるように注意している。

④ （　　　）できたものは，全部，日本で食べられている。

トレーサビリティって何？

スーパーマーケットで，下のようなシールを見たことがありますか。国産牛肉のパックにはられています。まん中あたりの「個体識別番号」を家ちく改良センターのウェブサイトで調べると，肉になった牛の育った場所，そしてその後どのようにそのスーパーマーケットに来たかなどについて調べることができます。

このように，「ぼく場で生まれた牛がどこへ行ったか，消ひ者にとどいた牛肉がどこから来たのかを調べられること」を「牛肉のトレーサビリティ」といいます。

20年ほど前に，伝せん病にかかった牛が見つかったり，牛肉について問題をおこす会社が出たりして，国産牛肉への不安が広がりそうになりました。そこで，国は「牛肉トレーサビリティほう」をつくり，すべての牛に「個体識別番号」をつけ「移動を調べられる」ようにしたのです。

国産黒毛和牛切り落とし（バラ、モモ）

個体識別番号 086722404
135245735

消費期限 19.10.30

保存温度4℃以下

490

1パック 内容量 300g

本体価格 1481円

税込価格（円） 1599

なぜトレーサビリティをするようになったのだろう？

ちく産（牛管理者）
ぼく場などで育てる

消ひ者

出荷

肉にする業者

はん売業者

個体識別番号 086722404
135245735

牛肉パックに「個体識別番号」が書かれたラベルがはってあります。

インターネットで調べる
買った牛肉のじょうほうをたしかめる。
➡ 牛が育ったぼく場などがわかる。

トレーサビリティは牛肉だけなのかな？

★食品のトレーサビリティ

　ほうりつで決められている食品は，牛肉と米・おせんべいなどの米加工品です。米などについては産地やとれた時期などをふくろなどに書くと決められています。

　水産物やその他の食品については，ほうりつはありませんが，トレーサビリティが進められています。

★売る人々のくふう

　近ごろでは，やさいなどの商品に，だれがつくったのかをしめすようにしたりしています。また，どのようにつくられたかを，売場のモニターで放送したりもしています。買う人が安心できるくふうがさかんになってきています。

【書いてあること】
- 賞味期限
- 中身の内容
- 工場の住所や問い合わせができる電話番号
- 商品によっては，どこの産地のお米を使用したかも書いてある

考えてみよう

(1)　スーパーマーケットで，つくった人がだれかわかる商品とわからない商品がならんでいたら，あなたはどちらを買いますか。りゆうとともに書きましょう。

(2)　トレーサビリティは，レストランやスーパーマーケットの多くに取り入れられています。それは，なぜだと思いますか。あなたの考えを書きましょう。

●答えは1つだけではありません。下のれいをさんこうに，あなたの考えを書きましょう。

(1)　（買う商品）つくった人がわかる商品
　　（りゆう）つくった人がはっきりしているもののほうが，信用できる気がするから。

(2)　自分が買ったり，食べたりした肉が，どこでどんな風に育ったのかわかると，安心できる。それに，お客さんが安心してくれると，また買ってくれたり，食べに来てくれたりする。

32 火事をふせぐ①

得点

100点

おぼえよう　火事のれんらくのしくみ

- 火事がおきたら，119番に電話をしてれんらくする。
- 火事を知らせる電話は，消防かんせい室につながる。
- 消防かんせい室は，さまざまなところにれんらくする。

消防かんせい室は，地いきによって
- 通信指令室
- 消防指令センター
- 消防局指令室などともよばれる。

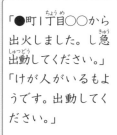

「●町1丁目○○から出火しました。し急出動してください。」
「けが人がいるもようです。出動してください。」

消防しょ

火事のれんらく

119番

消防団

「●町1丁目○○から出火しました。出動してください。」

「きけんなので，電気を止めてください。」

電力会社

「きけんなので，ガスを止めてください。」

ガス会社

病院

「けが人を運びます。じゅんびしてください。」

けいさつしょ

「交通じゅうたいが発生しています。車と人の整理をお願いします。」

水道局

「消火活動用に水をたくさん出してください。」

安全を守るために，さまざまなところが連けいしていることがわかる。

1 火事のれんらくのしくみをあらわした次の図中の，①〜⑤にあてはまるものを，　　からえらんで書きましょう。

（1つ6点）

①（　　　　　）

「●町1丁目○○から出火しました。し急出動してください。」
「けが人がいるもようです。出動してください。」

火事のれんらく

119番

④（　　　　　）

「交通じゅうたいが発生しています。車と人の整理をお願いします。」

消防団

「●町1丁目○○から出火しました。出動してください。」

電力会社

「きけんなので，電気を止めてください。」

③（　　　　　）

「けが人を運びます。じゅんびしてください。」

⑤（　　　　　）

「きけんなので，ガスを止めてください。」

②（　　　　　）

「消火活動用に水をたくさん出してください。」

けいさつしょ　　消防しょ　　病院　　ガス会社　　水道局

2

火事のれんらくのしくみをあらわした次の図を見て, あとの問題に答えましょう。

（1つ5点）

(1) 図中の（①）～（⑤）にあてはまることばを, [　] からえらんで書きましょう。

① （　　　　　　）
② （　　　　　　）
③ （　　　　　　）
④ （　　　　　　）
⑤ （　　　　　　）

(2) 図中の（⑥）にあてはまる数字を書きましょう。
（　　　　　　）

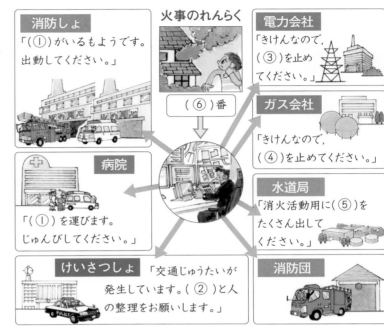

火事のれんらく

消防しょ
「（①）がいるもようです。出動してください。」

（⑥）番

電力会社
「きけんなので, （③）を止めてください。」

ガス会社
「きけんなので, （④）を止めてください。」

病院
「（①）を運びます。じゅんびしてください。」

水道局
「消火活動用に（⑤）をたくさん出してください。」

けいさつしょ
「交通じゅうたいが発生しています。（②）と人の整理をお願いします。」

消防団

| 病人　　けが人　　車　　荷物　　ガス　　火　　水　　電話　　電気 |

3

火事のれんらくのしくみについて, 次の問題に答えましょう。

（1つ8点）

(1) 火事を知らせる電話は, 何番にかけますか。　（　　　　　番）

(2) 次の①～④の文は, 消防かんせい室から, さまざまなところに出されたれんらくです。れんらくを受けたところを, 図中からえらんで書きましょう。

消防しょ
消防団
病院
けいさつしょ
水道局
ガス会社
電力会社

① 「けがをした人を運びます。用意してください。」（　　　　　　）

② 「交通整理をお願いします。」（　　　　　　）

③ 「火を消すために水をたくさん出してください。」（　　　　　　）

④ 「ばく発のきけんがあるので, ガスを止めてください。」
（　　　　　　）

第3章　くらしを守る

火事をふせぐ②

答え➡別冊解答11ページ

得点

100点

おぼえよう　火事についてグラフで調べよう

● 火事のけん数（全国）

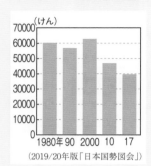

（2019/20年版「日本国勢図会」）

2000年に6万けんをこえていた火事のけん数は，2017年には4万けんを下回っている。

● 火事でけがをしたり，なくなったりした人の数

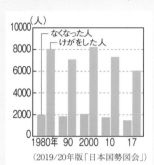

（2019/20年版「日本国勢図会」）

けがをした人，なくなった人の数は，火事のけん数のグラフと同じような変化をしている。

● 火事の原いん（2017年）

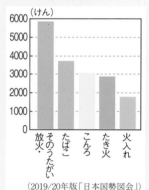

（2019/20年版「日本国勢図会」）

火事の原いんでいちばん多いのは，「放火・そのうたがい」。地いきでは防火くんれんなどして，いざというときのための活動をしている。

● 火事でうしなわれたざいさんの金がく

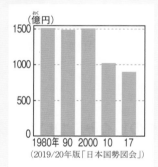

（2019/20年版「日本国勢図会」）

うしなわれたざいさんの金がくが，多かったのは，1980年・2000年であり，2017年は少なくなっている。

1 火事のけん数をあらわした右のグラフを見て，あとの問題に答えましょう。

（1つ10点）

(1) 2017年の火事のけん数は，何けんですか。

（　　　　　　　　けん）

(2) 火事のけん数がいちばん多いのは，何年ですか。
（　　　　　　　　年）

(3) 2000年から2017年までは，火事のけん数はふえましたか，へりましたか。

（　　　　　　　　　　）

▼火事のけん数（全国）

59885　56505　62454　46620　39373

（2019/20年版「日本国勢図会」）

72 第3章　くらしを守る

❷ 右の⑰，⑰のグラフを見て，あとの問題に答えましょう。

（1つ 10点）

(1) ⑰のグラフを見て，次の①，②にあてはまる年を書きましょう。

① けがをした人の数がいちばん多かった年。

（　　　　年）

② なくなった人の数がいちばん少なかった年。

（　　　　年）

(2) ⑰，⑰のグラフを見て，次の文の（　）にあてはまる年を書きましょう。

> 火事でけがをした人の数がもっとも少なく，うしなわれたざいさんの金がくももっとも少ないのは（　　　　　）年である。

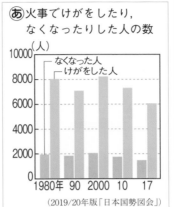

⑰火事でけがをしたり，なくなったりした人の数

（2019/20年版「日本国勢図会」）

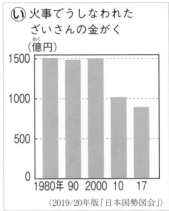

⑰火事でうしなわれたざいさんの金がく

（2019/20年版「日本国勢図会」）

❸ 次の問題に答えましょう。

（1つ 10点）

(1) 火事の原いんで，もっとも多いのは何ですか。

（　　　　　　　　　　　　　　）

(2) 火事についてまとめた文の①〜③にあてはまることばを，　　　　からえらんで書きましょう。

> ・①（　　　　　　　　　　）は，2000年に一番多かったが，2017年には4万けんを下回っている。
>
> ・火事でなくなった人や②（　　　　　　　　　）はへっている。
>
> ・火事で③（　　　　　　　　）の金がくも，2000年からはへってきている。

▼火事の原いん（2017年）

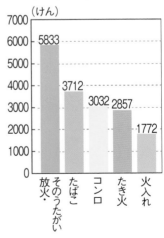

（2019/20年版「日本国勢図会」）

　けがをした人　　うしなわれたざいさん　　火事のけん数

34 火事をふせぐ③

得点

100点

おぼえよう　消防しょの人の仕事

ふだん行っている仕事

消火や救助の訓練

消火せつびの点けん

消防自動車や器具の点けん

消防しょの人が出動するまで

防火服を着る

→ 消防自動車に乗りこむ

→ 出動する

• 交代で休みをとりながら，24時間消防しょにいる。

かみん室で待機

---

1 次の問題に答えましょう。

（1つ6点）

（1）次の①～④の文のうち，消防しょの人の仕事として正しいものには○を，まちがっているものには×を，（　）に書きましょう。

①（　　）消火せんや消防器具の点けんをする。

②（　　）火事がおきたら，パトロールカーで出動する。

③（　　）消防しょには，24時間きんむしている人がいる。

④（　　）火事がおきたときのために，ふだんから訓練をする。

（2）火事がおこったときに，消防しょの人が出動するまでのようすについて，次の①，②にあてはまることばを，　　　　からえらんで書きましょう。

①（　　　　　　　　）を着る→ ②（　　　　　　　　）に乗りこむ→出動する

防火服　　消防自動車　　トラック　　かみん室

2 次の消防しょの人の話をまとめた文章を読んで，あとの問題に答えましょう。

（1つ7点）

> 出動していないときは，（ ① ）や消火せんの点けん，消火や救助の（ ② ）などをしています。交代で消防しょにいて，（ ③ ）時間いつでも出動できるようにかみん室にねとまりしています。

(1) 文中の①〜③にあてはまることばを，　　　　　　からえらんで書きましょう。

① （　　　　　　） ② （　　　　　　） ③ （　　　　　　）

消防自動車　　訓練　　2　　24　　食堂

(2) ＿＿部のようすとして正しいのは，右の⑦，⑦のどちらですか。記号を書きましょう。

（　　　　）

3 次の問題に答えましょう。

（1つ9点）

(1) 次の⑦〜⑦の絵を，消防しょの人が出動するまでのじゅん番になるように記号をならべかえましょう。
（全部できて9点）

(2) 消防しょの人の仕事について，次の文章の①〜③にあてはまることばを，　　　　　　からえらんで書きましょう。

> ① （　　　　　　　）がおきたら，防火服を着て，② （　　　　　　　）自動車で出動する。げん場についたら，消火や③ （　　　　　　　）活動などを行う。

交通事故　　救助　　消防　　火事　　訓練　　点けん

35 火事をふせぐ④

得点

100点

おぼえよう　学校の消防しせつ

火事を知らせる

● **火さいほう知機**
→火事があったときにボタンをおして知らせる。

● **熱感知器**
→熱を感じるせつび。

● **けむり感知器**
→けむりを感じるせつび。

火事が広がるのをふせぐ

● **防火とびら**
→階だんから火事が広がるのをふせぐ。

● **消火せん**
→とびらを開けてせんをひねると水が出る。

　消火栓

● **消火器**
→中に入っている薬をかけて火を消す。

ひなんする

● **ひじょう階だん**
→火事などのさいがいのとき，ここからひなんする。

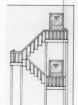

● **救助ぶくろ**
→まどからひなんするときに使う。

---

1 次の①～⑥の学校の消防しせつの名前を，　　　からえらんで書きましょう。

（1つ5点）

①  消火栓

（　　　　　　）

②

（　　　　　　）

③  消火器

（　　　　　　）

④

（　　　　　　）

⑤

（　　　　　　）

⑥

（　　　　　　）

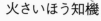
火さいほう知機　　熱感知器　　けむり感知器　　防火とびら　　消火せん　　消火器

2 次の学校にある消防しせつの絵を見て，あとの問題に答えましょう。

（1つ5点）

 ㋐ 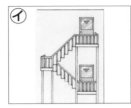 ㋑ 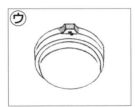 ㋒ 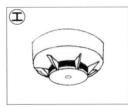 ㋓

（1）　次の文は，上の㋐～㋓の消防しせつの役わりを説明したものです。それ
ぞれの（　）にあてはまることばを，　　　　からえらんで書きましょう。

㋐　（　　　　　　　　）からすべりおりて，ひなんする。

㋑　火事などのさいがいのときにひなんする（　　　　　　　　）。

㋒　（　　　　　　　　）を感じる。

㋓　（　　　　　　　　）を感じる。

まど　　熱　　けむり　　階だん　　げんかん

（2）　上の㋐～㋓の学校の消防しせつのうち，ひなんするためのせつびを2つ
えらんで，名前を書きましょう。（　　　　　　　）（　　　　　　　）

3 あとの①～③にあてはまる消防しせつを，下の絵の中からすべてえらんで，名前
を書きましょう。

（1つ5点）

①　火事が広がるのをふせぐせつび

（　　　　　　　）（　　　　　　　）（　　　　　　　）

②　火事を知らせるせつび

（　　　　　　　）（　　　　　　　）（　　　　　　　）

③　ひなんするためのせつび

（　　　　　　　）（　　　　　　　）

36 火事をふせぐ⑤

得点

100点

おぼえよう　まちの消防しせつ

→消火活動に使うものや，ひなん場所のこと

まちの消防しせつのある場所

● 消火器　○ 消火せん
■ 防火水そう　□ ひなん場所

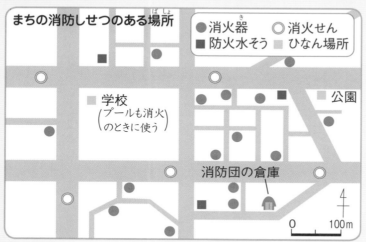

■ 学校
（プールも消火のときに使う）

□ 公園

消防団の倉庫

0　100m

消火器

中に入っている薬をかけて火を消す。消火せんと消火せんの間や，せまい道路に多い。

消防団の倉庫

消防団…まちの人たちが協力して火事などにそなえるそしき。倉庫には，消防用の道具がおいてある。

消火せん

ポンプ車がホースをつないで，水を出して使う。広い道路に多い。

防火水そう

火を消すための水をためておくところ。

---

1 次の①～④のまちの消防しせつの名前を，　　　からえらんで書きましょう。

（1つ7点）

①

②

③

④

①（　　　　　　　　　　　）②（　　　　　　　　　　　）
③（　　　　　　　　　　　）④（　　　　　　　　　　　）

消防団の倉庫　　防火水そう　　消火せん　　消火器

次の写真を見て，あとの問題に答えましょう。

（1つ8点）

⑦  ⑦  ⑦  ⑦

(1) 次の文は，上の⑦〜⑦の役わりをせつめいしたものです。それぞれの（　）にあてはまることばを，　　　からえらんで書きましょう。（1つのことばは一度しか使えません。）

⑦　火事のときのために　（　　　　　　　　　）をためておく。

⑦　中に入っている　（　　　　　　　　　）をかけて火を消す。

⑦　火事を消すための　（　　　　　　　　　）がたくさんおかれている。

⑦　（　　　　　　　　　）がホースをつないで，水をとりこむ。

> ポンプ車　　道具　　薬　　水

(2) 上の⑦〜⑦のまちの消防しせつのうち，広い道路に多いものを1つえらんで，名前を書きましょう。　　　　　　　（　　　　　　　　　　　）

③ まちの消防しせつのある場所をあらわした次の地図を見て，あとの問題に答えましょう。

（1つ8点）

(1) 次の①〜③の文にあう消防しせつの名前を，地図中からえらんで書きましょう。

①広い道路に多くある。

（　　　　　　　）

②火を消すための水をためている。（　　　　　　　）

③せまい道路に多くおかれている。（　　　　　　　）

まちの消防しせつのある場所　●消火器　○消火せん　■防火水そう　□ひなん場所

学校　　公園　　消防団の倉庫

0　　100m

(2) まちの人たちが協力して，火事などのさいがいにそなえるそしきを何といいますか。　　　（　　　　　　　　　　　）

37 火事をふせぐ⑥

得点

100点

おぼえよう　救急隊の仕事

救急隊

　消防しょでは，急病人やけが人が出たという通ほうを受けると，救急隊が救急車でかけつけ，急病人やけが人を病院へ運ぶ。

救急救命士

　救急隊員のうち，医者の指じにより，急病人やけが人の手当てをするしかくを持つ人。病院に着くまでの間，医者とれんらくをとりながら手当てをする。

> ### 地いきの協力
> 　消防団の人たちは，消防しょの人たちと協力して，消火や救助活動をしている。

病人やけが人を病院に運ぶまで

119番の通ほうで，急病人やけが人発生のれんらくが消防かんせい室にくる。

消防かんせい室のれんらくを受けて，消防しょから救急隊が出動する。

車内で急病人やけが人の手当てをしながら，病院へ運ぶ。

---

1 次の問題の答えを，◯◯◯◯からえらんで書きましょう。

（1つ8点）

(1)　急病人やけが人を病院へ運ぶ車を何といいますか。

(　　　　　　　　　　)

(2)　急病人やけが人を病院へ運ぶ人たちを何といいますか。

(　　　　　　　　　　)

(3)　(2)の人たちのうち，人の手当てをするしかくを持ち，(1)が病院に着くまでの間，医者の指じにより，急病人やけが人の手当てをする人を何といいますか。

(　　　　　　　　　　)

(4)　急病人やけが人が出たときにかける電話番号は何番ですか。

(　　　　番)

| 救急救命士 | 救急隊 | 救急車 | 110 | 119 |

2 次の①，②の絵を見て，あとの問題に答えましょう。

(1つ8点)

(1) 消防かんせい室からのれんらくを受けて，出動しているようすは，①，②のどちらですか。えらんで番号を書きましょう。　（　　　）

(2) ⑦の車を何といいますか。

　　　　（　　　　　　　　　　）

(3) ⑦の車の中で，医者の指じを受けて，急病人やけが人の手当てをする人を何といいますか。

　　　　（　　　　　　　　　　）

(4) 消防しょの人たちと協力し，地いきの消火や救助活動をする人たちを何といいますか。

　　　　（　　　　　　　　　　）

3 次の消防しょの人の話をまとめた文章を読んで，あとの問題に答えましょう。

(1つ12点)

　⑦急病人や事故にあってけがをした人たちがいたときは，（　※　）が乗った救急車を出動させます。救急車の中には，さんそマスクやちょうしん器など，たくさんの道具がそろっています。救急救命士は，特別なしかくを持っており，救急車の中で病気やけがの⑦手当てをすることができます。

(1) 文中の（※）にあてはまることばを，　　　　からえらんで書きましょう。

　　　　（　　　　　　　　　　）

　　消防団　　救急隊　　けいさつ官

(2) ＿＿部⑦のようなことがおきたら，何番に電話しますか。

　　　　　　　　　　　　（　　　　番）

(3) ＿＿部⑦をするときに，救急救命士に手当ての指じをするのはだれですか。

　　　　（　　　　　　　　　　）

38 事故や事件をふせぐ①

答え➡別冊解答13ページ

得点

100点

おぼえよう　交通事故のれんらくのしくみ

- 交通事故が起きたら，110番に電話をしてれんらくする。
- 110番へのれんらくは，通信指令室につながる。
- 通信指令室は，さまざまなところにれんらくする。

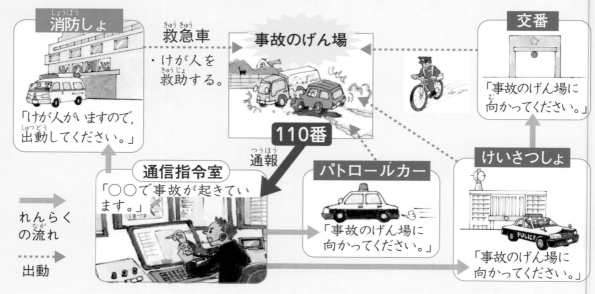

消防しょ

救急車
・けが人を救助する。

事故のげん場

交番

「事故のげん場に向かってください。」

「けが人がいますので，出動してください。」

110番
通報

通信指令室
「○○で事故が起きています。」

パトロールカー
「事故のげん場に向かってください。」

けいさつしょ
「事故のげん場に向かってください。」

れんらくの流れ

出動

1 　次の図は，交通事故のれんらくのしくみをあらわしています。図の①～⑤にあてはまるものの名前や数字を，　　　　からえらんで書きましょう。　　（1つ8点）

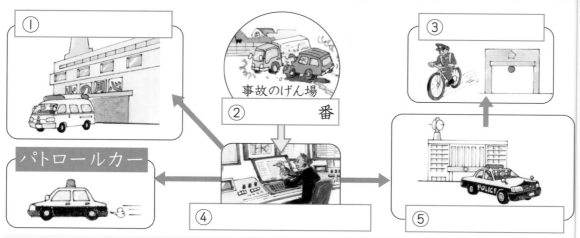

①

事故のげん場

②　　番

③

パトロールカー

④

⑤

| けいさつしょ | 消防しょ | 交番 | 通信指令室 | 110 | 119 |

2 交通事故が起こったときに出動するしくみをあらわした次の図を見て，あとの問題に答えましょう。

(1つ7点)

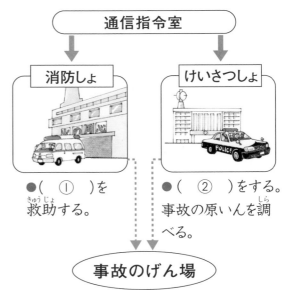

(1) 図中の①，②にあてはまることばを，　　　からえらんで書きましょう。

① (　　　　　　　　)

② (　　　　　　　　)

> けが人　　歩行者
> 見回り　　交通整理

(2) 事故が起こったときに，消防しょとけいさつしょからは，何という車が出動しますか。

・消防しょ……(　　　　　　　　)

・けいさつしょ…(　　　　　　　　)

●(　①　)を救助する。

●(　②　)をする。事故の原いんを調べる。

事故のげん場

3 右の図を見て，あとの問題に答えましょう。

(1つ8点)

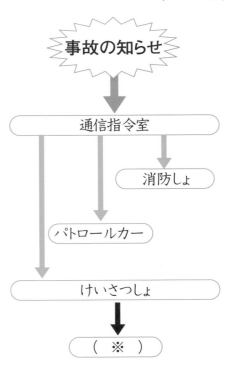

(1) 交通事故を知らせる電話は，何番にかけますか。　(　　　番)

(2) (1)の電話は，けいさつ本部の何というところにつながりますか。

(　　　　　　　　)

(3) 図中の（※）は，けいさつしょかられんらくがいくところです。（※）にあてはまる名前を書きましょう。

(　　　　　　　　)

(4) けが人を救助する車はどこから出動しますか。図の中からえらんで書きましょう。

(　　　　　　　　)

事故の知らせ

通信指令室

消防しょ

パトロールカー

けいさつしょ

(　※　)

事故や事件をふせぐ②

得点

100点

おぼえよう 交通事故をふせぐせつび

● 点字ブロック
→目の不自由な人が安全に歩けるようにしている。

● カーブミラー
→見通しの悪いところで，自動車などをかくにんできるかがみ。

● ガードレール
→自動車が歩道に入らないようにして，歩行者の安全を守っている。

● 歩道橋
→歩行者が安全にわたれるように道路の上にかけわたした橋。

● 横だん歩道
→歩行者や自転車が道路を安全にわたるための場所。

● 信号機
→人や自動車が安全に道路をわたったり，進んだりできるように合図をする。

1 次の交通事故をふせぐせつびの名前を，　　からえらんで書きましょう。

（1つ5点）

①

（　　　　　　）

②

（　　　　　　）

③

（　　　　　　）

④

（　　　　　　）

⑤

（　　　　　　）

⑥

（　　　　　　）

| 点字ブロック | 歩道橋 | ガードレール | カーブミラー | 横だん歩道 | 信号機 |

2 次の問題に答えましょう。

(1つ8点)

(1) 交通事故をふせぐせつびについて説明した，次の文の（　）にあてはまることばを，　　　　からえらんで書きましょう。

① ガードレール…自動車から（　　　　　　　　）を守っている。

② 点字ブロック…（　　　　　　　　）の不自由な人が安全に歩けるようにする。

③ 歩道橋…………歩行者が安全にわたれるよう，（　　　　　　　　）をまたぐようにしてかけられている。

④ カーブミラー…見通しの悪いところにもうけられ，（　　　　　　　　）が来るかどうかたしかめることができる。

道路　　自動車　　目　　耳　　歩行者

(2) 右の写真のせつびを何といいますか。（　　　　　　　　）

3 交通事故をふせぐせつびがある所をしめした次の図を見て，あとの問題に答えましょう。

(1つ5点)

(1) 目の不自由な人が，安全に歩道を歩けるようにしているせつびはどれですか。あ〜おからえらんで，記号を書きましょう。

（　　　）

(2) いのせつびの名前を書きましょう。（　　　　　　　　）

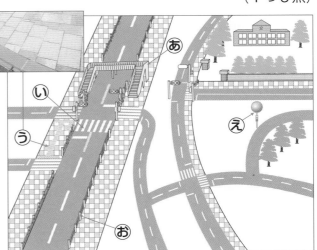

(3) 次の①，②の文にあてはまるせつびをあ〜おからえらんで，記号と，そのせつびの名前を書きましょう。

① 目のとどかないところから来る自動車をかくにんできるかがみ。

記号（　　　）　名前（　　　　　　　　）

② 歩行者が安全にわたれるようにするために，道路をまたぐようにしてかけられた橋。

記号（　　　）　名前（　　　　　　　　）

40 事故や事件をふせぐ③

答え➡別冊解答14ページ

得点

100点

おぼえよう　交通事故をふせぐための取り組み

交通かんせいセンターの仕事

交通かんせいセンター

道路のこんざつのようすを，自動車を運転する人に知らせる。

知らせる方法

- ラジオで知らせる

- 交通じょうほう板で知らせる

- ほかにもウェブサイト・カーナビゲーションなどでも知らせている。

けいさつしょの交通課の仕事

交通いはんの取りしまり

スピードいはんなどの交通いはんを取りしまる。

事故を調べる

事故がなぜ起こったのかなどを調べる。

交通整理

交通量が多いところで，自動車や人の整理をする。

交通安全教室

正しい道の歩き方や自転車の乗り方を教える。

---

1 次の問題の答えを，　　　　からえらんで書きましょう。
（同じことばを二度使ってはいけません。）（1つ8点）

（1）下の絵は，けいさつしょの交通課の仕事です。それぞれ何を行っているようすですか。（　）に書きましょう。

①
（　　　　　　　　）
を調べる

②
（　　　　　　　　）

③
（　　　　　　　　）

④ せいげん速度を守りませんでしたね。

（　　　　　　　　）
の取りしまり

（2）道路のこんざつなどのようすを，自動車を運転する人に知らせるのは，何というところですか。　（　　　　　　　　　　　）

交通安全教室　　交通かんせいセンター　　交通整理　　交通いはん　　事故

2 次の問題に答えましょう。

（1つ5点）

(1) 交通事故をふせぐ取り組みを，けいさつしょの人に聞きました。次の文章の①〜④にあてはまることばを，　　　からえらんで書きましょう。

けいさつしょの①（　　　　　　　　）では，交通事故が起こらないように，交通量の②（　　　　　　　　）ところでは，交通整理を行ったり，交通いはんをしている自動車の③（　　　　　　　　）を行ったりしています。また，小学校などで④（　　　　　　　　）を行い，正しい道の歩き方などを教えています。

通信指令室　　交通課　　多い　　少ない　　取りしまり　　交通安全教室

(2) 交通かんせいセンターでは，何を使って道路のこんざつのようすを知らせていますか。　　　　から2つえらんで書きましょう。

（　　　　　　　　）（　　　　　　　　）

新聞　　交通じょうほう板　　ラジオ　　道路標しき

3 次の問題に答えましょう。

（1つ10点）

(1) 右の絵の⑦〜⑨の仕事をするのは，けいさつしょの何というところではたらいている人ですか。

（　　　　　　　　）

(2) ⑨の絵は，どんな仕事をしているようすですか。

（　　　　　　　　）を調べる

(3) 交通のこんざつのようすを知らせる⑩の仕事は，どこで行われますか。

（　　　　　　　　）

41 事故や事件をふせぐ④

答え➡別冊解答14ページ

得点

100点

おぼえよう　交通事故についてグラフで調べよう

車に乗る人のシートベルトの着用のぎむや，運転する人の飲酒運転のばっそくの強化などにより，自動車乗車中の交通事故でなくなる人の数はへった。

●交通事故のおきたけん数（全国）

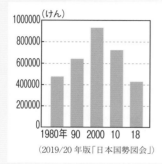

（2019/20 年版「日本国勢図会」）

交通事故のけん数は，1980年からふえ，2000年には1980年の約2倍になったが，その後はへってきている。

●交通事故でけがをしたり，なくなったりした人の数

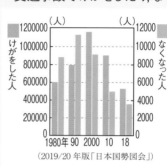

（2019/20 年版「日本国勢図会」）

なくなった人の数は1990年くらいから，けがをした人の数は2000年くらいから，へってきている。

●なくなった人の事故のときのじょうきょう

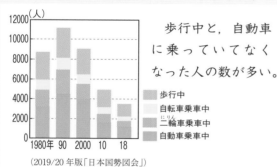

歩行中
自転車乗車中
二輪車乗車中
自動車乗車中

（2019/20 年版「日本国勢図会」）

歩行中と，自動車に乗っていてなくなった人の数が多い。

●交通事故でなくなった人の年れい（2018年）

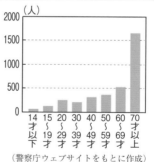

（警察庁ウェブサイトをもとに作成）

70才以上のお年よりが全体の半数近くになっている。

1 右のグラフを見て，あとの問題に答えましょう。

（1つ8点）

(1) 2018年の交通事故のけん数は，何けんですか。

（　　　　　　　　　けん）

(2) 交通事故のけん数がいちばん多いのは，何年ですか。　（　　　　年）

(3) 2010年から2018年では，交通事故のけん数は，ふえましたか，へりましたか。

（　　　　　　　）

▼ 交通事故のおきたけん数（全国）
（けん）

476677　643097　931950　725924　430601

1980年　90　2000　10　18

（2019/20 年版「日本国勢図会」）

2 右の⑤，⑥のグラフを見て，あとの問題に答えましょう。

(1つ9点)

(1) けがをした人の数がいち
　　ばん多かった年は何年です
　　か。　（　　　　　年）

(2) なくなった人の数がいち
　　ばん多かった年は何年です
　　か。　（　　　　　年）

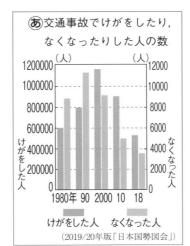
⑤交通事故でけがをしたり，なくなったりした人の数

（2019/20年版「日本国勢図会」）

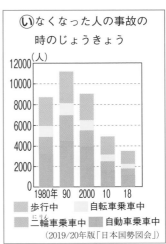
⑥なくなった人の事故の時のじょうきょう

■ 歩行中　　■ 自転車乗車中
■ 二輪車乗車中　　■ 自動車乗車中

（2019/20年版「日本国勢図会」）

(3) 交通事故でなくなる人の
　　数がへったわけとして，次
　　の文の（　）にあてはまる
　　ことばを，　　　　からえらんで書きましょう。

> 自動車に乗る人の① (　　　　　　　　) 着用のぎむや，運転す
> る人の② (　　　　　　　) のばっそくを強化した。

飲酒運転　　自動車乗車中　　シートベルト　　ヘルメット

3 右の⑤，⑥のグラフを見て，あとの問題に答えましょう。

(1つ10点)

(1) 交通事故がいちばん少な
　　かったのは何年ですか。

　　　　（　　　　　年）

(2) 交通事故のけん数が前よ
　　りへったのはいつですか。
　　2つ書きましょう。

　　　　（　　　　　年）
　　　　（　　　　　年）

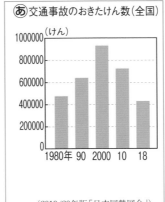
⑤交通事故のおきたけん数（全国）

（2019/20年版「日本国勢図会」）

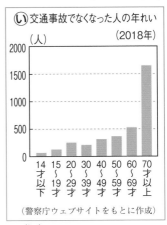
⑥交通事故でなくなった人の年れい

（2018年）

（警察庁ウェブサイトをもとに作成）

(3) 次の⑦〜⑦を，交通事故でなくなった人の数が多い順に左からならべ
　　ましょう。

（全部できて10点）

　　　　　　　　（　　　　）→（　　　　）→（　　　　）

⑦70才以上　　⑦30〜39才　　⑦14才以下

42 事故や事件をふせぐ⑤

得点

100点

おぼえよう　交番のけいさつ官の仕事

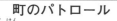

町のパトロール
事件がおこらないように，夜も行っている。

町を見はる
交番の前に立ったり，町のようすを見まわる。

家庭のほう問
戸じまりなど防はんに注意するようよびかける。

交通整理
祭りのときなどの大きなもよおしがあるときに行う。

一人ぐらしのお年よりをたずねる。

道の案内や落とし物の相談を受ける。

① 次の①〜⑤の絵は，交番のけいさつ官のどのような仕事をあらわしていますか。　からえらんで書きましょう。　（1つ8点）

①

（　　　　）のほう問

②

そこのかどを右にまがるとあります。
道の（　　　　）をする。

③

一人ぐらしの（　　　　）をたずねる。

④

（　　　　）

⑤

（　　　　）

案内　　お年より　　交通整理　　町のパトロール　　家庭

2 次の①〜④の文にあてはまる交番のけいさつ官の仕事を， ■■■■■ からえらんで書きましょう。 （1つ9点）

① 祭りなどのときに，人や車の流れを整理する。（　　　　　　）
② 戸じまりなどの，防はんに注意するように，家をたずねてよびかける。
　　　　　　　　　　　　　　　　　　　　　　　　　（　　　　　　）
③ 事件がおこらないように，夜も町を見回っている。（　　　　　　）
④ 交番の前に立って，町のようすを見はっている。（　　　　　　）

> 町のパトロール　　町を見はる　　交通整理　　家庭のほう問

3 次の交番のけいさつ官の話を読んで，あとの問題に答えましょう。
（1つ8点）

> 　交番のけいさつ官は，町のパトロールがおもな仕事ですが，道の案内や落とし物の相談も受けています。大きなもよおしがあるときには，交通整理もします。また，（　※　）を守るために，家庭をほう問したり，防はんに注意するようよびかけたりしています。

(1) ＿＿部について，次の文の（　）にあてはまることばを， ■■■■■ からえらんで書きましょう。

> ［ 町のパトロールは，事件がおこらないように
> （　　　　　　　　　　）行っています。 ］

> 朝だけ　　朝と昼だけ　　夜でも

(2) （※）にあてはまることばを， ■■■■■ からえらんで書きましょう。
（　　　　　　）

> 産業の発てん　　町の安全　　きんむ時間

(3) 右の絵は，交番のけいさつ官のどのような仕事ですか。 ■■■■■ からえらんで書きましょう。
（　　　　　　）

> 町のパトロール　　町を見はる　　交通整理　　家庭のほう問

43 事故や事件をふせぐ⑥

得点

100点

おぼえよう　安全なまちづくり

まちの安全を守る地いきの人たちの活動

- 子ども110番…いざというときに，子どもたちが助けを求められるようにしている店や家にシールがはってある。
  → 地いきによってよびかたがちがう。
  → けいさつと協力して子どもの安全を守っている。
- 自転車パトロール…地いきの人たちやPTAの人たちが，子どもを事故や事件から守るため自転車でパトロールする。
- 立ち番をする…登下校の時間に，町内会やPTAの人たちが交代で立ち，子どもたちの安全を見守る。
- 防犯カメラ…商店がいなど人どおりの多い所についている。

▲子ども110番の店

▲自転車パトロール

▲立ち番をする

まちの安全を守るためのしくみ（事故や事件をふせぐために）

地いきの人やけいさつ・役所，会社や店が協力している。

→ **地いき安全マップ**
あぶない場所や安全な場所などを書き入れた地図。
をつくっている。

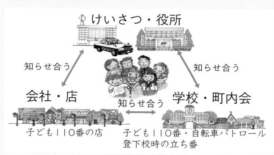

けいさつ・役所

知らせ合う　　知らせ合う

会社・店　　　　　学校・町内会

知らせ合う

子ども110番の店　　子ども110番・自転車パトロール
登下校時の立ち番

---

1 まちの安全を守る地いきの人たちの活動を，　　　からえらんで書きましょう。

（1つ10点）

①（　　　　　　　　　）

②（　　　　　　　　　）

③（　　　　　　　　　）

| 子ども110番 | 自転車パトロール | 立ち番 | 防犯カメラ |

2 まちの安全を守るためのしくみをあらわした次の図を見て、あとの問題に答えましょう。

(1つ10点)

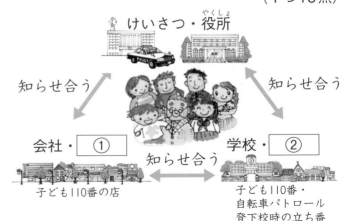

(1) 図中の①、②にあてはまる
ことばを、 　　　 からえらん
で書きましょう。

①（　　　　　　　　）
②（　　　　　　　　）

> 交番　　町内会
> 店　　　消防しょ

(2) まちの安全を守るしくみのうち、子ども110番の目的は何ですか。
　　　　 からえらんで書きましょう。

（　　　　　　　　　　　　　　　　　　　　　）

> 子どもたちの安全な遊び場をつくる。　　子どもたちを事故や事件から守る。

(3) 交通事故や不しん者などから身を守るために、地いきのあぶない場所や
安全な場所を書き入れた地図を何といいますか。（　　　　　　　　　）

3 右の絵を見て、次の問題に答えましょう。

(1つ10点)

(1) 町内会やＰＴＡの人たちが、登下校
時にしている活動は何ですか。
（　　　　　　　　　）

(2) 店や家にシールをはり、いざという
ときに子どもたちが助けを求められる
ようにしている活動は何ですか。
（　　　　　　　　　）

(3) 子どもを事故や事件から守るために、
自転車で行っている活動は何ですか。
（　　　　　　　　　）

▲子ども110番

▲立ち番をする

▲家庭のほう問

▲自転車パトロール

44 安心してくらせるまちに

おぼえよう　事件・事故をふせぐ

地いき安全マップ

　地いき安全マップとは，「事故や事件がおこるかもしれないという不安をかんじる場所」や「きけんな場所」を写真やマークなどを使ってせつめいした地図。

● 地いき安全マップをつくろう

① 地図にのせることを決める。

　➡事件・事故がおきそうなところ

- 入りやすい場所，見えにくい場所
- 高いへいが，ずっとつづく道
- たくさんの自転車がとめてある道路
- 長い間空き家になっている家
- 木や草がのびたままで見通しの悪い公園
- がいとうが少なく，くらい道　など

　➡何かあったとき，かけこむことができるところ

- 交番　・学校　・じゅく　・子ども110番の家　・コンビニエンスストアなどのお店

　➡ビックリしたり，ヒヤリとしたりしたことのある場所

② つくる地図のはんいを決める。

　➡通学路や地いきのあそび場など。

③ 町を歩く。…きけんだと思う場所や不安にかんじる場所をさがす。

　➡気になるところは，メモしておく。カメラを用意できるなら，現場の写真をとっておくとよい。

④ 学校にもどったら，地図をつくる。

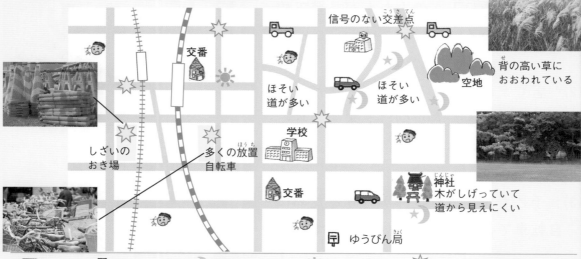

信号のない交差点

背の高い草におおわれている

交番

ほそい道が多い

ほそい道が多い

空地

しざいのおき場

多くの放置自転車

学校

交番

神社
木がしげっていて道から見えにくい

ゆうびん局

🚐 自動車が多い　　🚚 トラックが多い　　🌙 道が暗く人が少ない　　☀ 明るくにぎやかな所　　⭐ 注意する所　　子ども110番の家

1 次の文中の（　）にあてはまることばを　　　からえらんで書きましょう。

（1つ10点）

（1）　外から入り①（　　　　　　　　　　）場所，見え②（　　　　　　　　　　）
場所は，事件・事故がおこりやすい。

（2）　子ども（　　　　　　　　　　）の家は，子どもたちがにげこむことが
できる家です。

（3）　がいとうの（　　　　　　　　　　），明るい道は安全です。

> にくい　　やすい　　110番　　119番　　多い　　少ない

2 右の地図を見て，次の問題に答えましょう。

（1つ20点）

（1）　右のような地図を何といいま
すか。　　　　からえらんで書き
ましょう。

（　　　　　　　　　　）

> かん光マップ　　　地いき安全マップ

（2）　右の地図にのせるために，き
けんだと思った所の写真をとり
ました。あてはまる写真をえらんで，記号で答えましょう。　　（　　　）

（3）　右の，不安に思う場所の写真に，せつめいをつける
としたらどれがよいと思いますか。　　　　からえらん
で，書きましょう。

（　　　　　　　　　　）

> せの高いしげみがあって，道から見えにくい。　　　明るい公園の中なので安心して通れる。

45

たんげんのまとめ

得点

100点

① 火事がおきたときのことについて，次の問題に答えましょう。

（1つ5点）

(1) 右の火事のれんらくのし
くみをあらわした図を見て，
問題に答えましょう。

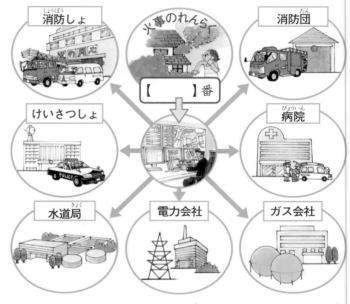

① 火事のれんらくをする
【　】にあてはまる番
号を書きましょう。

（　　　　　）

② 次の㋐～㋔をしてもら
うためにれんらくすると
ころを，図中からえらん
で書きましょう。

㋐ けがをした人を手当てしてもらうため。　（　　　　　　　）

㋑ きけんがあるので，電気を止めてもらうため。　（　　　　　　　）

㋒ 水をたくさん出してもらうため。　（　　　　　　　）

㋓ 交通じゅうたいの整理のため。　（　　　　　　　）

㋔ きけんがあるので，ガスを止めてもらうため。　（　　　　　　　）

(2) 消防しょの人は，火事がおきたら出動しますが，ふだんはどんな仕事を
していますか。2つ書きましょう。

①消火や救助の（　　　　　　　　　） ②消火せんなどの（　　　　　　　　）

(3) 次の①，②にあてはまる人を，　　　　　からえらんで書きましょう。

① 救急車の中で，病気やけがをした人の手当てをすることのできるし
かくを持った人。　（　　　　　　　　　）

② ①の人に手当ての指じをする人。　（　　　　　　　　　）

けいさつ官　　医者　　急病人　　救急救命士

❷ 次の問題に答えましょう。

（1つ5点）

(1) 交通事故がおきたときのれんらくのしくみをあらわ
した右の図を見て，あとの問題に答えましょう。

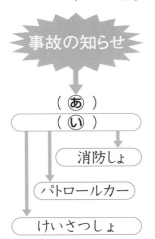

事故の知らせ

（ あ ）
（ い ）
消防しょ
パトロールカー
けいさつしょ

① 交通事故がおきたときにれんらくする（ あ ）に
あてはまる番号を書きましょう。（　　　　番）

② ①の電話はどこにつながりますか。（ い ）にあ
てはまるところを，　　　　からえらんで書きましょ
う。 （　　　　　　　）

> 交通かんせいセンター　　通信指令室

(2) 道路のこんざつのようすを，自動車を運転する人に知らせるのは何とい
うところですか。 （　　　　　　　）

(3) 右の①，②の絵は，けいさ
つしょの交通課の仕事です。
それぞれ何をしているようす
ですか。　　　　からえらんで
書きましょう。

> 交通安全教室　　交通整理　　事故

①（　　　　　　を調べる）　②（　　　　　　　）

(4) 交番のけいさつ官が，事件がおこらないように，まちの中を見まわるこ
とを何といいますか。 （　　　　　　　）

(5) まちの安全を守る地いきの人たちの活動について，次の文の（ ）にあ
てはまることばを，　　　　からえらんで書きましょう。

> 子どもを事故や事件から守るために，登下校の時間に
> ①（　　　　　　　　）をしたり，ＰＴＡの人たちが自転車
> ②（　　　　　　　　）をしたり，すぐに助けを求められ
> る③（　　　　　　　　）の家や店などをつくっています。

> 立ち番
> 子ども110番
> パトロール

(6) 地いきの不安な場所やきけんな場所を写真やマークでせつめいした地図
を何といいますか。 （　　　　　　　）

消防しょの仕事をもっと知ろう

火事は，少しずつへってきていますが，それでも1年間におよそ4万けんおきています。火事は，わたしたちの家ばかりか，命もうばうことがあります。

消防しょの仕事は，火事を消す，火事をふせぐ，人の命を守る

火事を消す

火事のげん場では，消防しょの人が，いろいろな消防自動車や消火しせつを使って消火にあたります。げん場では，地いきの消防団やけいさつ，ガス会社，電力会社，病院の人の協力が大切です。

・消防士と消防団員

火事のげん場でいっしょに活動する，消防士と消防団員は何がちがうのでしょう。消防士は消防しょにつとめる，消防のせんもん家です。消防団員は，べつに仕事をもっていて，火事や災害のときには，いっしょに活動します。

・救急救命士

医者の指示で，病人やけが人のちりょうをすることができる消防士です。

消防士の1日（例）

午前8：30	前日のひきつぎを行います。
午前9：00	全部の用具などを動かして，正しく動くか，かくにんします。
午前9：30	よていや注意することなどのかくにん。ほうこく書などをつくります。
午後1：00	訓練・トレーニングなど
午後5：30	全員で夕食
午後6：00	車の点けんを行います。
午後6：30	ミーティング
午後7：30	書るいづくりなどの仕事
午前0：00	仮眠（ねる）時間。交代で電話などの受付をします。
午前6：00	起きて，部屋や車のせいそうをします。
午前8：40	次の人と交代のひきつぎをして，仕事は終わりです。

24時間，仕事なんだね。

火事をふせぐ

消防しょにとっては，火事をふせぐための活動も大切です。

- 消防せつび点けん：マンションなどにひなんはしごや，けいほうそうちがつけられているか，消火器があるか，それらが正しく動くか，かくにんします。
- 消防けんさ：建設中のたて物は，完成する前に消防のせつびが正しくつけられているか，けんさします。

- 油などを使う仕事場では，近くにもえやすいものが置かれていないかチェック。
- 火事の原いんを調べ，火事をふせぐことに役立てます。

人の命を守る

「救急」と「救助」を通して，命を守ります。

- 救急➡119番通ほうを受けて，急病人やけが人の手あてを行いながら，病院などに運びます。このとき，救急救命士が一人，いっしょにいます。
- 救助➡交通事故や火事，山でのそうなんや，海や川でおぼれた人などを救助します。同じ活動をするチームは，けいさつにもあります。

それで「火事ですか，救急ですか」って，聞くんだね。

考えてみよう

● 消防しょの人はしけんに合かくした消防のせんもん家です。消防団はおもに地いきの人によってつくられていて，試験はありません。ふだんはほかの仕事をしています。消防しょの人たちがいるのに，消防団がひつようなのはなぜでしょう。あなたの考えを書きましょう。

- 答えは1つだけではありません。下のれいをさんこうに，あなたの考えを書きましょう
- ● 消防団は，小さな地いきごとにつくられているので，地いきのたて物や道路，川，人々のことをよく知っている。火事のときには，早くげん場に着き，消火の手助けができると思う。

けいさつしょの仕事をもっと知ろう

「はい，110番です。事故ですか，事件ですか」けいさつは，わたしたちのくらしや地いきの安全を守る仕事をしています。

110番はきんきゅう番号

けいさつ本部の通信指令室（通信指令センター）からの指令は，各けいさつしょのそれぞれの部しょに行きます。どんな部しょがあるのでしょう。

●けいむ課
　受けつけやけいさつの事務の仕事をします。

●会計課
　落としものをあずかったり，返したりします。

きんきゅうの時だけかけよう！

110番をかけると，けいさつ本部・通信指令室につながります。ここで，通ほうを聞き，指示を出します。

110番するとどうなるの？

けいたい電話　　家の電話　　こうしゅう電話　　FAX・メール

受け付ける　　指じを出す

110番です。事件ですか？事故ですか？

事件発生！

けいさつ本部・通信司令室

110番のシステム

無線

けいさつしょ

●生活安全課
　人々がはんざいにあわないよう，よびかけの活動をしたり，注意や取りしまりをしたり，子どもたちに注意したり，そうだんを受けたりもします。

●地いき課
　わたしたちに身近な交番（駐在所）やパトロールカーで，地いきの安全を守る仕事をしています。

●けい事課
　はんざいについてくわしく調べ，しょうこ品をさがす，はん人をたいほするなどの仕事をします。

●交通課
　決まりを守らない人に注意したり，取りしまりをしたり，事故がおきたとき，原いんを調べたりします。火事のとき，消防しょに協力して交通整理をしたりします。

●けいび課
　災害のときに，人々を救助したり，守ったりする仕事をします。また，テロなどのはんざいの取りしまりなどもします。

仕事❶　事故・事件のしょり

　110番の通ほうがあるとすぐに，関係（かんけい）するところに出動（しゅつどう）のれんらくをします。けいさつだけでなく，消防しょなどにも救急（きゅうきゅう）車出動のれんらくが入ります。事故のげん場では，けが人の救出（きゅうしゅつ）や，交通整理，事故原いんを調べたりします。

地いきの見まわり

仕事❷　事故・事件をふせぐ

　事故や事件がおこらないようにする活動は，けいさつの大切な仕事です。

- スピードいはん，ちゅう車いはんなどの取りしまり（交通課）
- 自転車（じてんしゃ）の安全な乗（の）り方指（し）どうなどの交通安全教育（きょういく），防犯（ぼうはん）活動，全国（ぜんこく）交通安全運動（うんどう）
- 空（あ）き巣（す）・ひったくりなどのとうなんをふせぐため，パトロールや家ていをほうもんして注意をよびかけます。

交通安全教育車

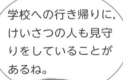

学校への行き帰りに，けいさつの人も見守りをしていることがあるね。

仕事❸　人の命（いのち）を守る

- 災害がおきたとき，消防しょや自衛隊（じえいたい）とともに，救助活動を行います。がれきの下から住民（じゅうみん）を助（たす）けたり，ゆくえのわからない人をさがしたりします。
- 山でそうなんしたり，ふん火にあってしまったりした人の救助活動も行います。

考えてみよう

● 　けいさつは，交通事故のしょりや，交通いはんの取りしまりのほかに，交通安全についてのいろいろな取り組みをしています。それは，なぜでしょうか。あなたの考えを書きましょう。

　

- 答えは１つだけではありません。下のれいをさんこうに，あなたの考えを書きましょう。
- ● 登下校（とうげこう）の見守りをしたり，交通教室を開いて交通の決まりを教えたりすることで，事故がおきないようにしている。

46 市とくらしのうつりかわり①

得点

100点

おぼえよう　時がたつとかわるもの（川崎市の場合）

時がたつと，まちのようすは変わる。同じ場所の絵や写真を見て，どこがどんなふうに変わったか，また，変わらないものは何かを調べよう。

川崎市の位置とようす

● 市の北がわには東京都があり，南がわには横浜市（神奈川県）がある。

● 市と東京都の間に多摩川が流れている。

● 川崎市の南東がわは，海に面していて，昔からうめ立てが行われてきた。今では，大きな工場が集まる地いきになっている。

多摩区
麻生区
高津区
宮前区
川崎市
東京都
中原区
鶴見川
幸区
川崎区
多摩川
横浜市
東京わん
神奈川県

川崎市のうつりかわり

● 100年ほど前に川崎市は生まれた。駅のたて物は木でできていた。駅前に止まっているのは自動車やバスではなく人力車だった。

● 60年ほど前になると，1日65万人もの人が駅をりようするようになり，駅前は多くのバスや自動車でにぎわった。

● 今は，駅のまわりは高いたて物が多く，駅前はきれいに整理されている。

▲100年ほど前（川崎駅）

▲60年ほど前（川崎駅）

▲さいきんのようす

1 次の3まいの写真について，あとの問題に答えましょう。

((1)全部できて10点，ほかは1つ15点)

(1) あ～うの写真を古いじゅんに，ならべかえて，記号で答えましょう。

（　　　　）➡（　　　　）➡（　　　　）

(2) 次の説明文は，どの写真についてのものか，あてはまる記号を（　）に書きましょう。

① （　　　　）100年ほど前，駅のたて物は木でつくられていた。人も乗りものも少なく，駅の前に止めてあるのは人力車。

② （　　　　）駅には高いたて物が多く，駅前はきれいに整理されている。

③ （　　　　）60年ほど前には，市の人口はふえ，他の市町村からきた乗りつぎの人も多くなった。駅前は乗りかえのバスでこんざつしている。

2 次の文章を読んで，あとの問題に答えましょう。

(1つ15点)

> （　①　）に，3つの町村がいっしょになって川崎市が生まれました。そのときにはすでに鉄道が市内を走っていました。人の行き来がさかんになるにつれて，鉄道はふえ，道路がつくられていきました。川崎市は，まわりの村や町を合わせて広がっていき，今の広さになりました。海ぞいでは（　②　）がすすめられ，できた広い土地は（　③　）にかわっていきました。

(1) （　①　）にあてはまることばを，　　　からえらんで書きましょう。

（　　　　　　　　　）

| 80年ほど前　　100年ほど前　　60年ほど前 |

(2) ②・③にあてはまることばを，　　　からえらんで（　）に書きましょう。

②（　　　　　　　）③（　　　　　　　）

| 農業　　うめ立て　　工場の集まる地いき　　田の多い地いき |

47 市とくらしのうつりかわり②

得点

100点

おぼえよう　交通のうつりかわり

川崎市の交通のようす

- 川崎市は，東京都と横浜市をむすぶ道路や鉄道が通っていて，人の行き来が多かった。

- 川崎が市になってから，ものや人を運ぶために，JR（もと国鉄）をはじめ，私鉄も通るようになった。
  - →鉄道と鉄道がまじわる所には人が多く集まるので，デパートなどの大きなしせつができる。

- 海ぞいのうめ立て地に工場が多くたてられ，はたらく人や，工場でひつようなものを運ぶため，さらに鉄道や道路がつくられた。
  - →おもにものを運ぶためにつくられた道路：産業道路とよばれる。

- 鉄道や道路によって，他の地いきとのむすびつきが強まる。
  - →産業道路により，大田区（東京都）までの時間が短くなった。首都高速わん岸線や東京わんアクアラインにより，千葉県とむすばれた。

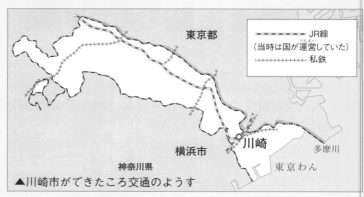

▲川崎市ができたころ交通のようす

- 鉄道がのびたり，新たにつくられた。
- 自動車専用道路が多く通った。

▲50年くらい前の交通のようす

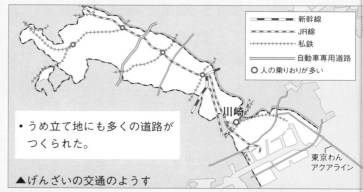

- うめ立て地にも多くの道路がつくられた。

▲げんざいの交通のようす

▲産業道路のようす

▲路線がまじわる駅の朝のようす

1 川崎市の交通のようすをあらわす地図を見て，あとの問題に答えましょう。

((1)1つ10点，ほかは1つ15点)

(1) 市内の鉄道の駅のうち，人の乗りおりが多い駅はいくつありますか。

（　　　　　　　）

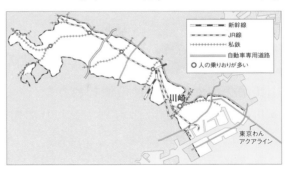

(2) (1)の人の乗りおりがとくに多い駅は，どのような駅か，　　　から えらんで書きましょう。

（　　　　　　　　　　　　　）

海ぞいにある駅　　鉄道と鉄道がまじわっている所にある駅

(3) おもにかもつのゆ送のために，うめ立て地にそってつくられた道路を， 　　　からえらんで書きましょう。

（　　　　　　　　）

通学路　　産業道路　　ＪＲ

2 次の文章を読んで，あとの問題に答えましょう。

(1つ15点)

> 川崎市ができたときから，鉄道や大きな道路が市内に通っていました。
> （　①　）がふえると，さらに鉄道や道路がつくられていきました。
> また，海ぞいの地いきには（　②　）がつくられ，そこに大きな工場 がつくられました。工場でひつようなものを運ぶため，（　③　）とよ ばれる道路がつくられ，もっとも海がわには，東京わんアクアラインが できて，千葉県までの時間が（　④　）なりました。

(1) 文中の①〜④にあてはまることばを，　　　からえらんで書きましょう。

①（　　　　　　　）　②（　　　　　　　）
③（　　　　　　　）　④（　　　　　　　）

学校　　人の行き来　　駅　　うめ立て地　　産業道路　　長く　　短く

答え➡別冊解答16ページ

得点

100点

48 市とくらしのうつりかわり③

おぼえよう　土地の使われかたのうつりかわり

川崎市の広がりと土地の使われかた

● 川崎市は市になったあと，まわりの町村といっしょになったり，海をうめ立てたりして広がってきた。

➡ うめ立て地は，ほとんどが工場として使われている。

● 市の始まりのころはあれ地だった所が，今は住たく地や商業しせつになっている。

● 人口がふえるにつれて学校がふえ，駅のまわりには商業しせつや公共しせつもふえた。

▲土地の使われかた

▲昔の土地の使われかた（川崎市の地図をもとに作成）　　▲今の土地の使われかた（川崎市の地図をもとに作成）

1 次の文中の①～③にあてはまることばを，　　　からえらんで書きましょう。

（1つ10点）

地図中の土地の使われかたを見ると，駅の近くには（　①　）が多く，すこしはなれた地いきでは（　②　）も多く見られます。海ぞいのうめ立て地はおもに（　③　）に使われています。

①（　　　　　）②（　　　　　）

③（　　　　　）

大きなたてもの　　田や畑　　住たく地　　商業しせつ　　工場

2 右の地図を見て，あとの問題に答えましょう。

（1つ10点）

(1) ⑦・⑦の地図は，同じ地いきの昔と今のようすです。□でかこんだ所の土地のようすが，どのようにかわったか書きましょう。

（2つできて10点）

昔（　　　　　　　）➡ 今（　　　　　　　　　）

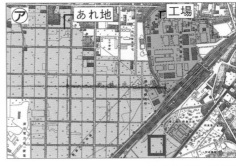

(2) 次の文章を読んで，あとの①・②の問題に答えましょう。

> 昔と今の地図をくらべると，昔の地図に見られた（　⑥　）や工場などが，なくなっています。変わらずにあるものは，（　⑪　）です。

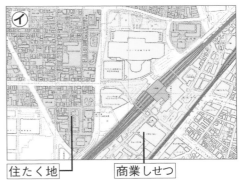

① ⑥・⑪にあてはまることばを，　　　からえらんで書きましょう。

⑥（　　　　　　　　）　⑪（　　　　　　　　　）

> かじゅ園　　鉄道　　田　　あれ地

② ＿＿部の工場をあらわす地図記号をかきましょう。（　　　　　　　　　）

3 次の文章を読んで，①～③にあてはまることばを，　　　からえらんで書きましょう。

（1つ10点）

> 川崎市は，80年くらい前まではまわりの（　①　）といっしょになって広がってきました。その後，（　②　）もふえて広がりました。（　②　）は，おもに（　③　）の土地として使われています。

①（　　　　　　　　　）

②（　　　　　　　　　）

③（　　　　　　　　　）

> 町や村　　うめ立て地　　山林　　工場

答え➡別冊解答16ページ

49 市とくらしのうつりかわり④

得点

100点

おぼえよう　人口のうつりかわり

市の人口のうつりかわり

- 東京都と横浜市にはさまれた川崎市では，東京と横浜をむすぶ鉄道や道路が発たつし，人やものの行き来がさかんだった。
  ➡交通が発たつすると人が集まり，人口がふえる。
- 市の人口は，市になってからずっとふえている。
- 65才以上の人は，100年前は50人中1人だったが，げんざいは5人中1人である。
  ➡30年後には，50万人をこえると考えられている。（高れい化）
- 小学生の数を見ると，全国てきにはへっている。（子どもの数が少なくなることを少子化という。）川崎市では20年ほど前からふえてきている。

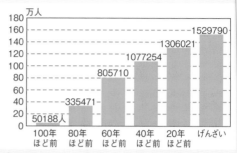

▲人口のうつりかわり　　　　　（川崎市しりょうなど）

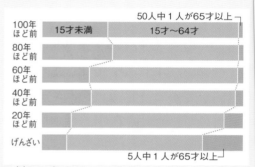

▲年れい別人口のうつりかわり　　（川崎市統計書）

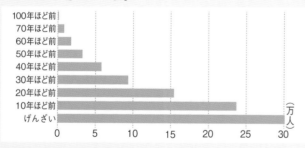

▲65才以上の人口のうつりかわり（川崎市しりょうなど）

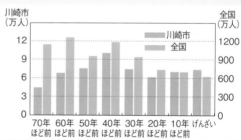

▲小学校じどう数のうつりかわり（川崎市しりょうなど）

1 次の文中の（　）にあてはまることばを，　　　からえらんで書きましょう。

（1つ15点）

(1) 川崎市の人口は，市になってからずっと（　　　　　　　）います。

(2) 40年ほど前から（　　　　　　　）の人口が，とくにふえています。

| へって　　ふえて　　15才以下　　65才以上 |

2 右のグラフを見て，あとの問題に答えましょう。

((1)2つできて10点，他は1つ10点)

(1) 人口がもっともふえたのは，何年前から何年前にかけてか，書きましょう。

（　　　　年ほど前）から（　　　　年ほど前）

(2) 今の市の人口はおよそ何万人か，答えましょう。　（　　　　　　　万人）

(3) 小学校じどう数のうつりかわりのグラフで，全国じどう数がもっとも多かったのは何年前ですか。

（　　　　　年ほど前）

(4) 川崎市のじどう数のうつりかわりのようすを，　　　からえらんで書きましょう。

（　　　　　　　　　　　　）

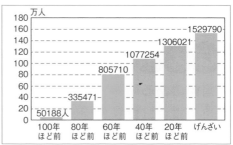
▲人口のうつりかわり

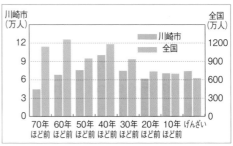
▲小学校じどう数のうつりかわり(川崎市しりょうなど)

> へりつづけている。　　ふえつづけている。　　ふえたりへったりしている。

3 次の文章とグラフについて，あとの問題に答えましょう。

(1つ10点)

> 市の65才以上の人口は，今では（　ア　）をこえています。30年ほど前にくらべてげんざいはおよそ（　イ　）倍の数になっています。全国の小学校のじどう数は40年ほど前からへりはじめ，今は700万人より少なくなっています。

(1) 文中の⑦・⑦にあてはまることばを，　　　からえらんで書きましょう。⑦（　　　　　）

⑦（　　　　　）

> 30万人　　50万人　　3　　5

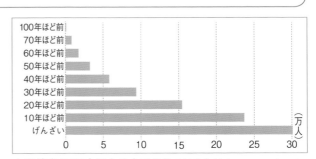
▲川崎市の65才以上の人口のうつりかわり(川崎市しりょうなど)

(2) ＿＿部のように子どもの数が，少なくなっていくことを何というか書きましょう。

（　　　　　　　化）

答え➡別冊解答17ページ

50

市とくらしのうつりかわり⑤

得点

100点

おぼえよう　公共しせつのうつりかわり

図書館のある所

● 川崎市内には14の図書館があり，そのうちの1つは，神奈川県立の図書館。

➡ もっとも古いものは，80年くらい前につくられ，その他は30～40年くらい前につくられたものが多い。

● 図書館は，多くの人が使いやすいように，**駅の近くにつくられることが多い。**

その他の公共しせつ

● 公共しせつとは，地いきの人々みんなが利用するために，市や県などがつくったしせつをいう。

➡ 市役所・区役所・病院・はく物館・学校など。

● 学校や図書館など，公共しせつは市民がおさめたぜい金を使って，たてたりしゅう理したりする。

● 小学校のなかには，つくられてから150年もたつ学校もある。

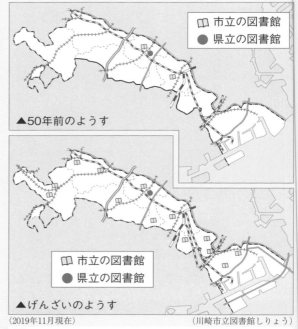

□ 市立の図書館　● 県立の図書館

▲50年前のようす

□ 市立の図書館　● 県立の図書館

▲げんざいのようす

(2019年11月現在)　　　(川崎市立図書館しりょう)

▲小学校数のうつりかわり　　　(川崎市しりょう)

---

1 次の文章の（　）にあてはまることばを，　　　からえらんで書きましょう。

（1つ14点）

(1) 公共しせつとは，（　　　　　　　　　　）が利用するために，つくられたしせつです。

(2) 公共しせつの多くは，人々が使いやすいように，（　　　　　　　　）の近くにつくられます。

| 地いきの人々　　小学校のせいとだけ　　海　　駅 |

2 次の図を見て，あとの問題に答えましょう。

（1つ12点）

（1） 市には，図書館がいくつあるか，数字を書きましょう。（　　　　）

（2） 図書館がつくられたのは，どのような場所か，　　　　からえらんで書きましょう。

（　　　　　　　　　　　　　　）

> 駅からはなれたしずかな場所　　　人の集まる駅の近く

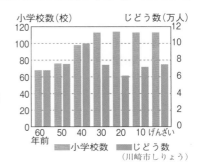

（3） 小学校の数は，60年ほど前から20年間にだんだんふえています。そのわけの1つを，　　　　からえらんで書きましょう。

（　　　　　　　　　　　　　　　　）

> 市でお金があまっていたから　　　小学生の数がふえてきたから

3 次の文章を読んで，あとの問題に答えましょう。

（1つ12点）

> 　市や県の（　①　）を使ってつくられた公共しせつは，市や県に住んでいるだれもが，使うことができるしせつです。図書館や病院のほか，学校などもあります。子どもの数がふえると学校数がふえるように，市の（　②　）がふえると，公共しせつも多くつくられます。

（1） 次のしせつのうち，公共しせつではないものを，　　　　からえらんで書きましょう。（　　　　　　　　）

> コンビニエンスストア　　　市でつくった体育館　　　県がつくった美じゅつ館

（2） 文中の①，②にあてはまることばを，　　　　からえらんで書きましょう。

①（　　　　　　　）　②（　　　　　　　）

> ちょ金　　　ぜい金　　　たて物　　　人口

51

市とくらしのうつりかわり⑥

得点

100点

おぼえよう　道具やくらしのうつりかわり

道具がべんりになって，仕事にかかる時間が短くなり，楽になった。

せんたくの道具のうつりかわり

たらい，せんたく板	電気せんたくき	電気せんたくき（二そう式）	電気せんたくき（ドラム式）

	せんたくものをローラーでしぼってだっ水する。	あらうところと，だっ水するところの2つに分かれている。	
・手であらうので，時間がかかる。とても力を使い，こしや足がいたくなる。冬は水がつめたくてつらい。	・あらう時間が短くなった。 ・動力で動くので，体へのふたんがへった。	・だっ水も動力でできるようになり，さらに楽になった。	・あらいからだっ水，かんそうまで，すべて自動でできるようになった。

いろいろな道具のうつりかわり

明かり
・明るく，安全なものになった。

ランプ　電球　LED

ごはんをたく
・火かげんを調せつして，自動でたけるようになった。

かま　電気すいはんき

1

次の㋐〜㋓のせんたくの道具を，古いものからじゅん番にならべて，記号を書きましょう。

（1つ5点）

㋐	㋑	㋒	㋓
	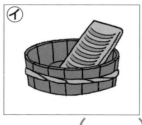		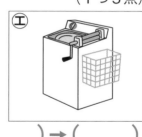
二そう式		ドラム式	

（　　　）→（　　　）→（　　　）→（　　　）

2 右の絵を見て，あとの問題に答えましょう。

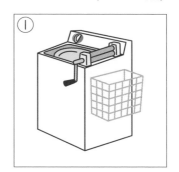

(1) ①のせんたくきが使われるようになって，どんな ことがべんりになりましたか。 からえらんで 書きましょう。

（　　　　　　　　　　　　　　　　　　　）

あらう時間が短くなった。　　せんたくものがへった。
水にふれなくなった。

②（二そう式）

(2) ②のせんたくきは，何をすることが動力ででき るようになりましたか。 からえらんで書きま しょう。　　　（　　　　　　　　　　　）

あらい　　だっ水　　かんそう

3 次の問題に答えましょう。

(1) 次の文は，道具のうつりかわりをあらわしたものです。①〜③にあては まることばを， からえらんで書きましょう。

明かり	ごはんをたく	せんたく
ランプから電球，今は LED になり，安全で ①（　　　　　）なっ た。	かまから電気すいはん きになって，ごはんを ②（　　　　　）でた けるようになった。	電気せんたくきになっ て，あらう時間が ③（　　　　　）なった。

明るく　　暗く　　手動　　自動　　長く　　短く

(2) 道具や仕事のうつりかわりについて，次の文の①，②にあてはまること ばを， からそれぞれえらんで書きましょう。

道具がべんりになって，仕事にか
かる①（　　　　　　　　）が短くなり，
②（　　　　　　　　）になった。

楽　　ふべん　　力　　時間

答え➡別冊解答17ページ

52

市とくらしのうつりかわり⑦

得点

100点

おぼえよう まちのうつりかわりを年表でまとめよう

● できごとを年月のじゅんにまとめた表のことを年表という。

年表のつくりかた

● 何についての年表にするか決める。

● 調べてわかったことを，古いことから新しいことへ，じゅんをおって書く。

● 絵や写真などを使うとわかりやすくなる。

（川崎市しりょうをもとに作成）

年号		できごと	人口	鉄道・道路
大正	100年前	３つの町村がいっしょになって，川崎市になった。	50188人	東京横浜電鉄（いまの東急東横線）が開通。南武鉄道（いまの南武線），小田急線開通，玉川電気鉄道の一部が開通。
昭和	90年前	市役所のたて物ができた。		
	80年前	空しゅうで多くの人がなくなったり，けがをしたりした。市の中心部はやけ野原に，工場の多い地いきは大きなひがいを受けた。		市電が営業をはじめる。
	70年前	市のバスが運行をはじめた。	50万人をこえた	
	60年前	大きな遊園地ができた。工場からのけむりで病気になる人がでて，大きな問題になった。		東急田園都市線（溝の口―長津田）開通。
	50年前	市のなかに５つの区ができた。工場のけむりを出さないようにするほうりつができた。扇島うめ立て地が完成した。	100万人をこえた	小田急多摩線開通
	40年前	市が７つの区になった。		
平成	30年前	市の政治を市民がかんしできるほうりつをつくった（全国ではじめて）。市のシンボルマークが決まった。		
	20年前	「こどもの権利条例」という法りつができた。駅に新しい商業しせつができた。		東京わんアクアラインが開通，千葉県とつながった。
	10年前	新しい美じゅつ館ができた。	140万人をこえた	ＪＲ横須賀線武蔵小杉駅ができた。

1 次の文章の①〜③にあてはまることばを，◻️からえらんで書きましょう。

(1つ10点)

> できごとを①（　　　　　　　　　）のじゅんにまとめた表を
> ②（　　　　　　　　　）という。（　②　）をつくるときは，調
> べてわかったことを，③（　　　　　　　　　）ことから新しいこ
> とへとじゅんをおって書く。

古い　　新しい　　年表　　年月

2 あとの文が，年表と合っていれば〇を，まちがっていれば×を，（　）に書きましょう。

(1つ20点)

	できごと	人口
100年前	3つの町村がいっしょになって，川崎市になった。	50188人
90年前	市役所のたて物ができた。	
80年前	空しゅうで多くの人がなくなったり，けがをしたりした。市の中心部はやけ野原に，工場の多い地いきは大きなひがいを受けた。	
70年前	市のバスが運行をはじめた。	50万人をこえた
60年前	大きな遊園地ができた。工場からのけむりで病気になる人がでて，大きな問題になった。	
50年前	市のなかに5つの区ができた。工場のけむりを出さないようにするほうりつができた。	100万人をこえた

(1) （　　）50年前には，市の人口は，市ができたころのおよそ20倍になった。

(2) （　　）80年ほど前に，市役所のたて物ができた。

3 次の問題に答えましょう。

(1つ15点)

(1) できごとを，年月じゅんにまとめた表を，何といいますか。

（　　　　　　　　　　　　）

(2) (1)の表をつくるとき，よりわかりやすい表にするくふうを，◻️からえらんで書きましょう。（　　　　　　　　　）

できごとにあった写真や絵を使う。　　思いつくことをすべて書く。

53 市とくらしのうつりかわり⑧

得点

100点

おぼえよう　これからのまちの発てんのために

これからの発てんにむけた市の取り組みを調べる

● 市の**広ほう紙**を見る。

→広ほう紙…市などのいろいろな取り組みやお知らせを発信するために，発行するさっ子など。グループや公共しせつが発行して配ることもある。

● 市の**ウェブサイト**で調べる。

→市や公共しせつなどでは，ウェブサイトをつくってじょうほうを発信している。コンピューター等を使って，それらのじょうほうや広ほう紙を見ることができる。

● じっさいに取り組んでいる人に**インタビュー**する。

→インタビューするときは，聞きたいことはまとめておき，終わったらお礼を言うなどに注意することが大切。

川崎市の取り組みのれい

● **うめ立て地の利用**…工場をつくるだけではなく，市民のためのしせつをつくる。ごみしょ理しせつや太陽光を使って大量の電気エネルギーをつくる**メガソーラーしせつ**のけんせつなど。

● **工場夜けいのかん光利用**…工場の夜のようすを海からながめることで，工場ぐんへ関心を持ってもらう取り組み。

▲川崎市の広ほう紙

▲メガソーラーしせつ

▲工場の夜けい

1 次の文中の（　）にあてはまることばを，　　　からえらんで書きましょう。

（1つ10点）

(1) 市のいろいろな取り組みについて調べるには，市が発行する（　　　　　　　　　）がよい。

(2) 市の①（　　　　　　　　　）には，市が取り組んでいるいろいろなじょうほうがのせてあって，②（　　　　　　　　　）を使っていつでも見ることができます。

広ほう紙　　あんない板　　ウェブサイト　　コンピューター　　カメラ

② 川崎市のこれからの発てんに向かう取り組みについて，次の問題に答えましょう。

（1つ10点，(2)は20点）

(1) 次の説明に合う写真を⑦〜⑨から，1つずつえらんで記号を書きましょう。

① （　　　　）広大なうめ立て地の一部をりようした，エネルギーをつくるしせつです。

② （　　　　）市を代表する工業しせつの工場ぐんです。光がともった，夜の工場のようすをかん光できます。

(2) ⑦の写真のなかの発電しせつは，太陽光を使って大量の電気をつくる，かんきょうに目を向けたしせつです。このようなしせつを何というか，カタカナで答えましょう。

（　　　　　　　　　　　　しせつ）

③ 次の文章を読んで，あとの問題に答えましょう

（1つ10点）

> 市のいろいろな取り組みについて調べたいとき，右の写真のようなさっ子がべんりです。このさっ子は，市の（　①　）からも見ることができます。このさっ子には，市からの（　②　）や取り組みについてしょうかいされています。

(1) ＿＿＿部のようなさっ子を何というか，書きましょう。

（　　　　　　　　　　　　）

(2) ①・②にあてはまることばを，　　　　からえらんで書きましょう。

①（　　　　　　　　）②（　　　　　　　　）

天気予ほう	ウェブサイト	お知らせ	防災無線

答え➡別冊解答18ページ

54

市とくらしのうつりかわり⑨

得点

100点

おぼえよう　うつりかわる市のまとめ

川崎市のようすとうつりかわり

市のはんい

100年ほど前	50年ほど前	現在

しゃ線が川崎市の始まり。

ほかの町や村といっしょになり広くなる。

うめ立て地もふえる。

交通の発たつ

凡例：
ＪＲ線（当時は国が運営していた）
私鉄

東京と横浜を結ぶ地点として発たつする。

凡例：
新幹線
自動車専用道路

高速道路や産業道路，新幹線ができる。

凡例：
〇 人の乗りおりが多い

鉄道がまじわる所に人口が集まる。

人口のうつりかわり

（川崎市しりょうなど）

グラフ：
- 100年ほど前：50186人
- 80年ほど前：335471
- 60年ほど前：805710
- 40年ほど前：1077254
- 20年ほど前：1306021
- げんざい：1529790

図書館の広がり

凡例：
📖 市立の図書館
● 県立の図書館

凡例：
📖 市立の図書館
● 県立の図書館

- 川崎市は，ほかの町村といっしょになったり，**うめ立て地**を広げることで広がった。
- 川崎市は，東京都と横浜市にはさまれており，交通の発たつとともに人口がふえていった。
- 鉄道がまじわる所には，人が集まるので，デパートなどの大きなしせつや**公共**しせつが多い。

① 川崎市の交通のようすをあらわす地図を見て，あとの問題に答えましょう。

（1つ16点）

（1） 人の乗りおりが多い駅を，
　　　　　　　からえらんで書きましょう。

（　　　　　　　　　　　　　　　）

| 海ぞいにある駅 | 鉄道がまじわる駅 |

川崎

東京わん
アクアライン

凡例：
・・・ 新幹線
━━━ JR線
＋＋＋ 私鉄
━━ 自動車専用道路
◯ 人の乗りおりが多い

（2） 次の文中の（　）にあてはま
ることばを，　　　からえらんで書きましょう。

┌─────────────────────────
│　① 川崎市は，（　　　　　　　　　　）が多く，たくさんの
│鉄道や道路が通っています。
│　② 人の乗りおりの多い駅の近くには，人が（　　　　　　），
│大きなデパートや公共しせつなどがあります。
└─────────────────────────

| 学校 | 人の行き来 | 多く集まり | あまり集まらず |

② 次の文章を読んで，あとの問題に答えましょう。

（1つ13点）

┌─────────────────────────────────────
│　東京と横浜をつなぐ鉄道や道路があった川崎市では，人とものが集まってき
│た。人口がふえると，（　①　）を住たく地や商業しせつにかえ，広いうめ立
│て地に大きな（　②　）をつくった。75年くらい前のせんそうのとき，武器
│工場があった川崎市は，空しゅうのひがいを受け，中心部のたて物の多くは
│こわされ，多くの人がなくなったり，けがをしたりした。その後，人々の
│努力でふっこうし，日本を代表する工業都市となり，人口もふえつづけた。
│工場の多い海ぞいの地いきには，おもにかもつを運ぶための道路や首都高
│速わん岸線などができ，東京や千葉県に行くまでの時間が（　③　）なった。
└─────────────────────────────────────

（1） 文中の①〜③にあてはまることばを，　　　からえらんで書きましょう。

　①（　　　　　　） ②（　　　　　　） ③（　　　　　　）

| 病院 | あれ地 | 長く | 短く | 工場 |

（2） ＿＿部のような道路を何とよびますか，書きましょう。（　　　　道路）

55

たんげんのまとめ

答え➡別冊解答18ページ

得点

100点

1 次の問題に答えましょう。

（1つ6点）

（1）　次の①〜④の昔の道具と，ア〜エの今の道具で同じはたらきをするものを線でむすびましょう。

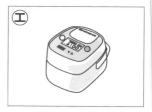

（2）　昔のそうじについて，次の文の①，②にあてはまることばを，　　　　　からえらんで書きましょう。

［　昔は，①（　　　　　　　　　）やちりとりを使ってそうじをしていた
　ので，今よりも②（　　　　　　　　　　　　）。　］

たらい　　ほうき　　作業が楽だった　　時間がかかった　　きれいになった

2 年表について，次の文章の①〜③にあてはまることばを，　　　　　からえらんで書きましょう。

（1つ6点）

［　年表は，できごとを①（　　　　　　　　）のじゅんにならべてまとめたも
　のです。年表をつくるときは，何についての年表かを決め，調べてわ
　かったことを②（　　　　　　　　　）ことから③（　　　　　　　　　）こと
　へ，じゅんをおって書きます。　］

新しい　　古い　　年れい　　年月

❸ 次の年表を見て，あとの問題に答えましょう。

((1)1つ7点，ほかは1つ8点)

	できごと	小学校数	人口
100年前	3つの（　①　）がいっしょになって，川崎市になった。		50188人
90年前	市役所のたて物ができた。		
80年前	空しゅうで多くの人がなくなったり，けがをしたりした。		
70年前	市のバスが運行をはじめた。	44	50万人をこえた
60年前	大きな遊園地ができた。 工場からのけむりで病気になる人がでて，大きな問題になった。	68	
50年前	市のなかに5つの区ができた。 扇島うめ立て地が完成した。	③76	100万人をこえた
40年前	市が7つの区になった。	98	
20年前	東京わんアクアラインが開通。（　②　）とつながった。	114	130万人をこえた

(1) つぎの文が，年表と合っていれば〇を，まちがっていれば×を，（　）に書きましょう。

①　（　　　）20年前には，市の人口は，市ができたころのおよそ10倍になった。

②　（　　　）市が7つの区になったのは，40年くらい前だ。

(2) 年表中の①・②にあてはまることばを，　　　　から選んで書きましょう。

①（　　　　　　　　　）　②（　　　　　　　　　）

> 県　　町村　　千葉県　　神奈川県

(3) 小学校数について年表の③は，右のグラフ内の㋐〜㋒のどれにあてはまりますか。記号で答えましょう。　（　　　　）

(4) 60年前から40年前まで，小学校数はふえつづけていますが，小学校のじどう数はどうなっていますか。読みとって，答えましょう。　（　　　　）

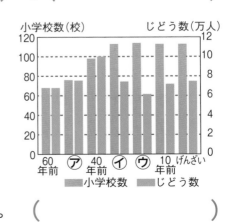

得点

100点

56 ３年生のまとめ①

1 次の地図や写真を見て，あとの問題に答えましょう。

（1つ5点）

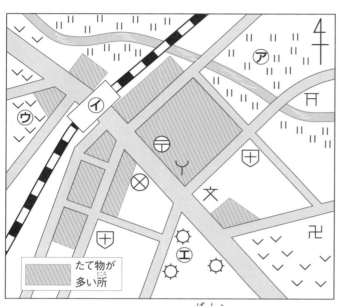

（1）①，②の写真とにた場所を地図中の⑦〜④からえらんで，記号を書きましょう。　　　　　①（　　　　）②（　　　　）

（2）次の①，②の方位を，八方位で答えましょう。
　　① 駅から見た，寺の方位　　　　　　　　　　　（　　　　　　）
　　② 神社から見た，学校の方位　　　　　　　　　（　　　　　　）

（3）次の⑦〜④のうち，地図からわかることを３つえらんで，記号を書きましょう。　　　　　　　　　（　　　）（　　　）（　　　）
　　⑦ 駅前には，たて物がたくさんある。
　　④ 川のまわりには，畑が広がっている。
　　⑨ けいさつしょの前の道をはさんで，ゆうびん局がある。
　　④ 寺のまわりには，田が広がっている。
　　④ ゆうびん局のとなりには，病院がある。
　　⑰ 神社のまわりには，家が多い。
　　④ 病院は２つある。

（4）地図中の⅄は，何をあらわしていますか。　　　　（　　　　　　）

2 次の①〜④は，買い物をする場所や方ほうについてのものです。これを見て，あとの問題に答えましょう。 （1つ6点）

(1) 次の㋐〜㋓にあてはまるものを，①〜④からえらんで，番号を書きましょう。

㋐ (　　　) 家から出ずに買い物ができる。

㋑ (　　　) 広い売り場で，いろいろな品物をいちどに買える。

㋒ (　　　) 品物のしゅるいは少ないが，店の人と顔見知りになりやすい。

㋓ (　　　) 長い時間あいている。

(2) ①，④の店の名前を書きましょう。

①(　　　　　　　　　　) ④(　　　　　　　　　　)

3 やさいづくりについて，次の問題に答えましょう。 （1つ8点）

(1) やさいづくりのくふうとして正しいものを，次の㋐〜㋒から1つえらんで，記号を書きましょう。 (　　　)

㋐ 農薬を使うときは，できるだけ少なく使う。

㋑ しぜんのままの畑でつくるようにしている。

㋒ とり入れたやさいは，遠くのまちには運ばない。

(2) 次のやさいの送り先についての図の，①，②にあてはまるところを， ［　　　］からえらんで書きましょう。

①(　　　　　　　　　　)
②(　　　　　　　　　　)

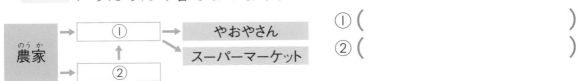

57 3年生のまとめ②

得点

100点

 次の①～⑥のまちの消防しせつや，事故を防ぐしせつの名前を書きましょう。

（1つ5点）

①

②

③

（　　　　　　　　　）　（　　　　　　　　　）　（　　　　　　　　　）

④

⑤

⑥

（　　　　　　　　　）　（　　　　　　　　　）　（　　　　　　　　　）

2 次の問題に答えましょう。

（1つ5点）

(1) 次の①～⑥のうち消防しょの人の仕事には〇を，けいさつの人の仕事には△を，（　）に書きましょう。

① （　　　）交通事故を調べる。

② （　　　）急病人やけが人を救急車で病院へ運ぶ。

③ （　　　）火事がおきたとき，消防自動車で出動する。

④ （　　　）消火せんや消防器具の点けんをする。

⑤ （　　　）まちのパトロールをして，事件などがおこらないよう注意する。

⑥ （　　　）交通りょうの多いところで，人や自動車の整理をする。

(2) 救急車の中で，医者の指じを受けて，急病人やけが人の手当をする人を何といいますか。

（　　　　　　　　　　　　　　　）

(3) 交通事故がおきたとき，つうほうする番号は何番ですか。

（　　　　　　番）

③ 次の町のうつりかわりの年表を見て，あとの問題に答えましょう。
（1つ3点）

年号	明治			大正	昭和						平成			令和
今から何年前	一三〇年前	一二〇年前	一一〇年前	一〇〇年前	九〇年前	八〇年前	七〇年前	六〇年前	五〇年前	四〇年前	三〇年前	二〇年前	一〇年前	今
わたしたちの市のできごと	わたしたちの町に学校ができた。	鉄道がしかれた。駅ができた。	町に電とうがついた。台風で大きなひがいが出た。	町に電話がひかれた。	港がととのえられた。	ラジオの放送がはじまった	町に水道がひかれた。	町にバスが走るようになった。	せんそうが終わった。近くの町がいっしょになって市になった。	学校の校しゃがたてかえられた。	まわりの町がいっしょになって、市が大きくなった。新しい市役所ができた。	新しい鉄道の駅ができた。駅前の商店がいがととのえられた。	市の図書館が新しくなった。	きょう土しりょう館ができた。

(1) 学校のできごとについて，古いじゅんにそれぞれ書きましょう。

① （　　　　　年前）　できごと（　　　　　　　　　　　　　　　　　）

② （　　　　　年前）　できごと（　　　　　　　　　　　　　　　　　）

(2) 町に電話がひかれたのは，何時代(年号)ですか。　（　　　　　時代）

④ 右の絵は，おかし工場ではたらく人が工場に入る前に行うことのようすです。これについて，あとの問題に答えましょう。
（1つ5点）

(1) 絵は，何をしているようすですか。　▢▢▢▢からえらんで書きましょう。

　（　　　　　　　　　　　　）

> 服のほこりをとっている　　空気をすっている
>
> 風が出るかたしかめている

(2) 絵は，何のために行っているのですか。
次の文の①，②にあてはまることばを，
▢▢▢▢からえらんで書きましょう。

〔 おかし工場は，①（　　　　　　　　　　）をつくる工場なので，

② （　　　　　　　　　）するために行っている。 〕

> きかい　　食べ物　　おいしく　　せいけつに

地図記号や まちのあんないマークを もっと知ろう

このマークは何をあらわしているでしょう。これは交番をあらわす地図記号です。

このマークは，外国の人々に向けてつくられた地図記号です。日本の地図記号はわかりにくい，という意見を受けて，だれにでもわかりやすい記号がつくられました。外国の人のための英語でかかれた地図を見てみましょう。どんな地図記号が使われているかな？

> ちがうよ。交番の記号は✕だと習ったよ。

上野（東京都）

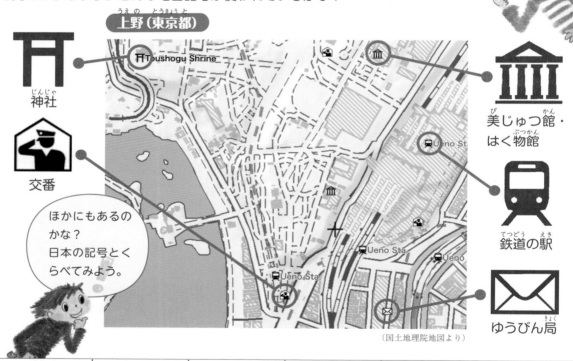

（国土地理院地図より）

- 神社
- 交番
- 美じゅつ館・はく物館
- 鉄道の駅
- ゆうびん局

> ほかにもあるのかな？日本の記号とくらべてみよう。

病院	空港・飛行場	教会	温泉	銀行（ATM）	ホテル
トイレ	コンビニ・スーパー	デパートなど	レストラン	観光案内所	
				または	